Der Türkenlouis
Markgraf Ludwig Wilhelm
von Baden und seine Zeit

Der Türkenlouis

Markgraf Ludwig Wilhelm von Baden und seine Zeit

Herausgegeben
von Wolfgang Froese
und
Martin Walter

Casimir Katz Verlag

Die Deutsche Bibliothek – CIP-Einheitsaufnahme

Wolfgang Froese; Martin Walter
Der Türkenlouis: Markgraf Ludwig Wilhelm von Baden und seine Zeit
Gernsbach: Katz, 2005
ISBN 3-925825-88-6

© Casimir Katz Verlag, Gernsbach 2005
Umschlaggestaltung: Jörg Schumacher, Casimir Katz Verlag
Satz: Claudia Wild, Stuttgart
Druck: Konkordia GmbH, Bühl
ISBN: 3-925825-88-6

Inhaltsverzeichnis

Einführung
von Wolfgang Froese und Martin Walter 7

„… waß einem firsten gebirth zu lernen"
von Gerlinde Vetter 9

Der „Türkenlouis"
von Marco Müller 21

„… dass ich eine solche Lieb für ihn hab"
von Martin Walter 33

Erfolgreiche Abwehr
von Max Plassmann 41

„Nichts Geringeres verfolgen"
von Wolfgang Froese 53

Rastatt soll Residenz werden
von Martin Walter 61

Herrschaftsrepräsentation als Gesamtkunstwerk
von Kiriakoula Damoulakis 75

Herr über Land und Leute
von Wolfgang Froese 81

Pflichtbewusst bis zuletzt
von Tatjana Lemke 95

Eine barocke Fürstin
von Gerlinde Vetter 103

Literaturhinweise 115

Autorenverzeichnis 119

Abbildungsnachweis 121

Register 123

Einführung

von Wolfgang Froese und Martin Walter

Markgraf Ludwig Wilhelm von Baden, der schon zu seinen Lebzeiten populäre „Türkenlouis", zählt zu den interessantesten deutschen Persönlichkeiten des Barockzeitalters. Obgleich er mit der Markgrafschaft Baden-Baden nur einen Kleinstaat regierte, stand er als erfolgreicher Feldherr über Jahrzehnte buchstäblich im Brennpunkt des europäischen Geschehens.

In Erinnerung geblieben ist er vor allem als Sieger gegen die Türken, die er zwischen 1683 und 1691 aus fast ganz Ungarn, Siebenbürgen sowie weiten Teilen Serbiens und der Walachei verdrängte. Nach der entscheidenden Schlacht von Slankamen wurde er in ganz Europa als einer der großen Verteidiger des Abendlandes gefeiert. Weniger spektakulär, aber nicht minder effektiv gebot Ludwig Wilhelm in den folgenden Jahren am Oberrhein dem französischen Expansionsdrang Einhalt. Dass der erfolgsverwöhnte „Sonnenkönig" Ludwig XIV. 1697 erstmals einen Verlustfrieden schließen musste, ist zu einem gut Teil das Verdienst des badischen Markgrafen.

Ludwig Wilhelm war aber nicht nur – und gemäß seinem Selbstverständnis nicht einmal in erster Linie – Feldherr und höchster Offizier zweier deutscher Kaiser, sondern auch Reichsfürst und Landesherr. Sein *„kleines fürstenthumb"*, wie Ludwig Wilhelm die Markgrafschaft Baden-Baden einmal nannte, entsprach seinen hohen Ambitionen allerdings in keiner Weise. Denn wie bei seinem Taufpaten und späteren Gegner Ludwig XIV. stand das Streben nach Größe und Ruhm auch bei Ludwig Wilhelm im Zentrum seines Denkens und Handelns.

Sein Traum, für sein Haus eine Standeserhöhung zu erreichen und Herzog, Kurfürst des deutschen Reiches oder sogar König von Polen zu werden, erfüllte sich jedoch nicht. Seine hoch fliegenden politischen Ziele scheiterten allesamt. Fast wie eine Trotzreaktion erscheint in diesem Licht der Bau seiner neuen Residenz in Rastatt, die der Markgraf ab 1699 als erster deutscher Fürst nach dem Vorbild von Versailles plante. Das dreiflügelige Schloss, der Schlossgarten und die neu angelegte Stadt bildeten eine architektonische Einheit, die das Machtbewusstsein und den Herrschaftsanspruch des Türkenlouis symbolisierte.

Ludwig Wilhelm war als Barockfürst ein Kind seiner Zeit. Seine Persönlichkeit war vielschichtig. Von attraktiver Erscheinung, mit hohen Geistesgaben ausgestattet, erwies er sich als kluger Taktiker und Stratege und als glänzender Organisator. Auf dem Schlachtfeld zeigte er sich mutig und tapfer, er führte von vorne

Einführung

und sicherte wiederholt den Sieg durch seinen persönlichen Einsatz. Seine Standarte ließ der Markgraf mit dem bezeichnenden Wahlspruch „*ARDVA DETVRBANS VIS ANIMOSA QVATIT* [Die mutige Kraft verjagt und zerschlägt das Schwierige]" versehen. Mit seiner Neigung zum Jähzorn und seiner hochfahrenden Art machte er andererseits sich und anderen das Leben oft schwer.

Ludwig Wilhelms abenteuerliches Leben den Lesern von heute näher zu bringen, ist das Ziel dieses Bandes, der im 350. Geburtsjahr des Markgrafen erscheint. Auf der Grundlage der modernen historischen Forschung zeichnen die sieben Autorinnen und Autoren die wesentlichen Stationen seines Lebensweges nach – von seiner schwierigen Kindheit über sein Wirken als Feldherr und Reichsfürst bis hin zu seiner erstaunlich glücklichen Ehe mit Sibylla Augusta von Sachsen-Lauenburg und der Tragik seiner letzten Jahre. Ein abschließender Beitrag ist der langen und erfolgreichen Regentschaft seiner Witwe gewidmet, die sich dem Vermächtnis ihres Mannes verpflichtet fühlte und gleichwohl in ihrer Regierungstätigkeit starke eigene Akzente zu setzen verstand.

Es gehört zum Wesen eines Gemeinschaftswerkes, dass die verschiedenen Autoren auch unterschiedliche Schwerpunkte legen und in ihren Bewertungen nicht immer übereinstimmen. Die Herausgeber haben bewusst darauf verzichtet, hier glättend einzugreifen. Sie hegen vielmehr die Zuversicht, dass die Beiträge gerade angesichts der persönlichen Sichtweisen der Autoren ein besonders farbiges und nuancenreiches Porträt des Türkenlouis und seiner Zeit ergeben.

„… waß einem firsten gebirth zu lernen"

Kindheit und Jugend des Markgrafen Ludwig Wilhelm

von Gerlinde Vetter

Die Eltern

Am 8. April 1655 wurde Markgraf Ludwig Wilhelm im Hôtel de Soissons in Paris geboren. Seine Eltern waren Markgraf Ferdinand Maximilian, Sohn des regierenden Markgrafen Wilhelm von Baden-Baden, und die Prinzessin Louise Christine von Savoyen-Carignan. Ihr Vater war ein Bruder des Herzogs von Savoyen-Carignan, und ihre Mutter, die Gräfin Marie von Soissons, stammte aus dem Hause Bourbon-Condé.

Markgraf Wilhelm, der sich eigentlich dem Haus Habsburg verpflichtet fühlte, mag sich von der Verheiratung seines Sohnes mit einer Cousine des französischen Königs ein gut nachbarschaftliches Verhältnis mit den Franzosen versprochen haben, vielleicht vorausahnend, dass es unter Ludwig XIV. in den nächsten Jahren zur Auseinandersetzung zwischen den Häusern Habsburg und Bourbon kommen würde.

Die Vermählung fand 1654 – wie in fürstlichen Familien damals üblich – „per procurationem" (in Stellvertretung) in Paris statt. Jedoch kam die Gemahlin danach nicht in die markgräfliche Residenz nach Baden-Baden. Die jung verheiratete Markgräfin wurde von ihrer herrschsüchtigen Mutter bestimmt, die ihre Tochter nicht nach Deutschland ziehen lassen wollte, und Louise Christine selbst

„... waß einem firsten gebirth zu lernen"

Markgraf Ferdinand Maximilian von Baden-Baden (1625 – 1669). Der badische Erbprinz war sehr um eine gute Erziehung seines einzigen Sohnes Ludwig Wilhelm bemüht. Kupferstich von Philipp Kilian, nach 1654.
© *Kreisarchiv Rastatt*

zog offensichtlich das höfische Leben als Hofdame der Königinmutter Anna in Paris dem Leben in der Kleinstadt Baden-Baden im fremden Land vor.

So reiste Ferdinand Maximilian nach Paris, in der Absicht, dort die Ehe zu vollziehen und seine Gemahlin heimzuholen. Die Prinzessin war jedoch weder mit Güte noch mit Härte zu bewegen, ihrem Gemahl nach Deutschland zu folgen. Auch die Geburt ihres Sohnes und die verzweifelten Versuche Ferdinand Maximilians, der sich an den Herzog von Savoyen mit der Bitte um Vermittlung gewendet hatte, änderten nichts an der Weigerung seiner Gemahlin. Selbst der französische König Ludwig XIV., der Ludwig Wilhelms Pate war, konnte nichts ausrichten.

Ferdinand Maximilian ließ das Kind noch im Jahr 1655 von seinem Kanzler Krebs und Moritz de Lassolaye nach Baden-Baden überführen (in der Literatur ist auch von „entführen" die Rede), wo er zunächst von einer Amme aufgezogen und 1656 katholisch getauft wurde.

Die Familienverhältnisse im Neuen Schloss in Baden-Baden

Aufgrund der Ehezerrüttung seiner Eltern wuchs Ludwig Wilhelm im Neuen Schloss in Baden-Baden ohne seine Mutter auf. Jedoch fehlte es ihm nicht an Bezugspersonen. Außer dem Großvater, dem Markgrafen Wilhelm, und dessen jüngerer zweiter Gemahlin, seiner Stiefgroßmutter Maria Magdalena von Öttingen (geboren 1619), die höchstwahrscheinlich beim Prinzen die Mutterstelle vertrat, gab es noch den Onkel Leopold Wilhelm, Heerführer und „Sieger von St. Gotthard"(1664) über die Türken, und den Onkel Hermann, Geistlicher, Soldat und Diplomat, der aber nur selten in Baden-Baden weilte. Die Tante Katharina Franziska, Tochter des Markgrafen Wilhelm aus erster Ehe mit der Gräfin von Hohenzollern, lebte als Nonne in Besançon; Tante Anna, die zweite Tochter, wohnte im Schloss in Baden-Baden. An Spielgefährten hatte Ludwig Wilhelm seinen Stiefonkel Karl Bernhard und seine Stieftante Maria Anna Wilhelmine, die Kinder aus der zweiten Ehe des Großvaters, die beide etwa gleich alt wie Ludwig Wilhelm waren.

Die Erziehung des Prinzen

Ende des Jahres 1657 reiste Ferdinand Maximilian nach Turin, um die dort weilende Gemahlin umzustimmen; doch auch dieser letzte Versuch verlief erfolglos. Vor seiner Abreise verfasste er ein Testament, um – wie es im Text steht – *„auf alle sich etwann zu tragende Fäll wegen meineß lieben und bis dato einigen söhnleinß prinz Ludwig Wilhelmß marggrafenß zu Badens und hochbergk vätterliche führsehen zu duhn"*. In diesem Dokument traf er Vorkehrungen für den Fall seines vorzeitigen Ablebens und gab Instruktionen für die Erziehung seines Sohnes.

Ferdinand Maximilian verfügte, dass er seinen Sohn, falls ihm selbst etwas zustoßen sollte, der Obhut seines Vaters, des Markgrafen Wilhelm, anvertrauen wolle. Als nächstes setzte er seine beiden Brüder, die Markgrafen Leopold Wilhelm und Hermann, als Vormünder ein, welche die Regierung und Verwaltung übernehmen sollten, bis sein Sohn 18 Jahre alt sei. *„Die education oder erzihung meines Sohnes betreffend"* ordnete der Markgraf an, dass der Prinz, wenn er noch minderjährig sei, durch einen katholischen Lehrer *„instruirt ahngewisen und erzogen werden"* solle und zwar in *„gehorsam und respect"* gegenüber dem Papst, in *„liebe zu Deichslandt dem Römischen reich und dem erwölten … kayser getreiw zu sein"*.

Mit sechs oder sieben Jahren sollte ihm ein treuer, gescheiter, adliger Hofmeister und ein *„praeceptor"*, und zwar kein Geistlicher, sondern ein welterfahrener Mann zugeordnet werden. Ferdinand Maximilian fügte hinzu, dass der Hofmeister ein *„cavalier"*, kein *„pedant"* sein sollte. Der Markgraf wünschte, dass sein Sohn in deutscher, lateinischer, italienischer, spanischer, aber auch in einer slawischen Sprache (Polnisch oder Ungarisch) unterrichtet würde; die Kenntnis des Französischen als Sprache der Höfe wurde vorausgesetzt. Auch Philosophie, Bibellektüre und Politik könnten dem Prinzen beigebracht werden, aber alles sollte

„*privatim docirt*" und ohne Übertreibung geschehen, damit bei dem Kind keine Unlust am Lernen entstehe. Zum Beichtvater sollte für den Prinzen ein Jesuitenpater bestellt werden, damit der Sohn „*mit rechtem eiffer gott dine*".

Die ritterlichen Exerzitien Reiten, Fechten und Tanzen sowie Übungen zum Festungsbau und zu verschiedenen Handwerken gehörten nach dieser Instruktion ebenfalls zur Prinzenerziehung. Die Erzieher sollten seinen Sohn zur Unabhängigkeit hinführen. Ferdinand Maximilian betont, man müsse den Prinzen „*in der oeconomihe nicht zu einer leidlichen erbsenzehlerei sondern firstlicher oeconomia … erzihen*", so dass er sein Land in dieser Weise in Ordnung halten könne. Er solle an ein ehrerbietiges Verhalten gegenüber jedermann, auch seinen Untertanen, gewöhnt werden.

Mit 12 Jahren sei der Prinz von seinen Vormündern etwa ein Jahr lang an einen katholischen deutschen Hof zu schicken, um die Gelegenheit zu haben, „*waß einem firsten gebirth zu lernen*". Damit er schon früh an die Regierungsarbeit herangeführt werde, sollte er bereits mit 13 Jahren an den Ratssitzungen teilnehmen. Eine Kavalierstour mit einem seinem Rang entsprechenden Gefolge nach Italien, Frankreich, England, Spanien, in die Niederlande und innerhalb des deutschen Reiches war vorgesehen, wenn er die „*kinderblathern*" hinter sich hätte, „*darumb ehr in seinen reisen alle höff frequentiren und sich auff ihne zu gefallen befleissen solle*". Dabei fügte der Markgraf hinzu, es soll „*wohl achtung gegeben werden das ehr sich ahn kein trinken des weins gewöhne, das soll ihm omnibus modi nicht zugelassen werden*".

Dem Prinzen wird empfohlen, „*die conversation der ehrlichen dames*" an den Höfen zu suchen. Schließlich gibt ihm der Vater noch Ratschläge in puncto Heiraten. „*Wenn er zu jahren und sterken kommen wirdt sich zu verheirahten, solle ehr sich oder andere hierinn nicht precipitiren [eilen].*" Ferdinand Maximilian rät seinem Sohn dringend, sich standesgemäß zu verheiraten, und legt ihm ans Herz, dass er durch nichts einen größeren Nutzen und Profit ziehen könne als durch eine Heirat.

Der Vater wünschte, den Prinzen „*in summa zu einem rechtschaffenen ferständigen gelibten und dugentsammen firsten zu zihen*". Zur Erlernung des Kriegshandwerks sah er für ihn lediglich eine dreimonatige Teilnahme an einem militärischen Einsatz vor, „*… damit er ein heroichß nicht aber bellicosichß gemiht ahn sich nemmen*". Schließlich bat er den Herzog Ferdinand Maria von Nieder- und Oberbayern und Ferdinand Carl Erzherzog von Österreich und seine Vettern um Unterstützung seines Sohnes im Falle seines Ablebens.

Ferdinand Maximilians „*lester will und eigenhändige disposition*" wurde vor seinem Reiseantritt nach Turin im Kollegiatstift zu Baden-Baden hinterlegt.

„… waß einem firsten gebirth zu lernen"

Markgräfin Luise Christine von Baden-Baden (1627–1689), die Mutter Ludwig Wilhelms. Die geborene Prinzessin von Savoyen-Carignan weigerte sich, ihrem Gemahl Ferdinand Maximilian nach Baden-Baden zu folgen. Kupferstich von Philipp Kilian, nach 1654.
© Kreisarchiv Rastatt

Glücklicherweise konnte er aber doch nach seiner Rückkehr aus Turin die Erziehung seines Sohnes weiter in die Hand nehmen und wählte Johann Reinhard Vloßdorf zum Präzeptor, der dem Prinzen Latein und die schönen Künste lehrte. Der Hofmeister des Prinzen war Cosimo Marzi Medici, ein florentinischer Edelmann, der außer Italienisch sicherlich auch Französisch und Spanisch beherrschte.

Von Ludwig Wilhelms Schreibkunst zeugen Briefe mit Neujahrswünschen an Verwandte, darunter ein Schreiben an seinen Vetter Prinz Eugen von Savoyen, in dem er auch auf ein Treffen mit ihm beim jährlich stattfindenden *„Carenval"* hinweist.

Schon früh wurde Ludwig Wilhelm mit militärischen Fragen vertraut gemacht. Ludwig Wilhelms Onkel Markgraf Leopold Wilhelm siegte als Kommandant der Truppen des Schwäbischen Kreises bei der Schlacht von St. Gotthardt an der Raab 1664 gegen die Türken. Sein Onkel Hermann war als Gouverneur der Truppen des Burgundischen Kreises beteiligt. Ludwig Wilhelm erhielt als Neunjähriger ein „Patent zur Werbung eines Fähnleins hochdeutscher Fußvölker für das gegen die Türken bestimmte unter Commando des Markgrafen Hermann zu bildende Regiment". Das burgundische Heer kam aber nicht zum Einsatz.

Für die militärischen Dienste im Zuge der Türkenhilfe verlieh Kaiser Leopold den regierenden Markgrafen beider badischen Häuser (Markgraf Wilhelm und Friedrich VI.) den Titel „Durchleuchtigt". Der Wunsch nach einer weiteren Standeserhöhung des Hauses Baden-Baden in Form der Verleihung der Kurwürde oder der polnischen Königskrone wurde dem jungen Prinzen schon früh eingeimpft. Diese Rangerhöhung war nur über eine bedeutende militärische Stellung im Dienste des Kaisers möglich.

In den kommenden Jahren spitzte sich auch im Westen des Reiches die politische Lage mehr und mehr zu. Ludwig XIV. entwickelte sich bald nach seinem Regierungsantritt zum absolutistischen Herrscher und betrieb rücksichtslose Expansionspolitik. Ab 1662 führte er seine ersten Eroberungskriege gegen die Nachbarländer, wobei er Anspruch auf die spanischen Niederlande und die Freigrafschaft Burgund erhob und die Einverleibung des linken Rheinufers anstrebte. Er bedrohte die zehn freien Reichsstädte im Elsass. Die französischen Truppen in Breisach und Philippsburg bereiteten Ferdinand Maximilian zunehmend Sorgen.

Fürstenspiegel für Ludwig Wilhelm

In einem zweiten Dokument, das er wahrscheinlich in seinem Todesjahr 1669 verfasst hat und das nicht fertig gestellt wurde, einer Art Fürstenspiegel, wollte Markgraf Ferdinand Maximilian seinem Sohn Instruktionen geben, wie er sich gegenüber Gott und den Mächtigen der Welt, nämlich dem Papst, dem deutschen Kaiser und dem französischen König, auch anderen geistlichen und weltlichen Herrschern, seinen Verwandten, Freunden und seinen Untertanen gegenüber zu verhalten habe, wie er das markgräfliche Haus führen und mit den Hofbeamten, Hofbedienten umgehen solle, was in Bezug auf Wohnung, Kleidung und Hofhaltung zu beachten sei und schließlich, wie er sich verheiraten sollte.

Im ersten Kapitel beschreibt der Markgraf Gott als *„das höchste guht, der unß auß lauther gihte und genadt das lehben gibt ... "*, der gerecht und gütig ist und den Gehorsam liebt. Der Vater legt dem Sohn ans Herz: *„darumb liebeß kindt nimb seine gebott in acht und seiw eiferich in fortpflanzung der waren Römischen catolischen appostolischen allein selig machenter religion"*. Jedoch fordert der Vater den Sohn gleichzeitig zur Toleranz gegenüber anderen Religionen auf. Er solle die Geistlichen *„in Ehren halten"* und darauf achten, dass sie *„sich keiner weltlichen geschäften ... annehmen"*, er selbst solle regelmäßig die Messe hören und die *„ceremonien observiren"*, Nächstenliebe üben und Gotteslästerung nicht dulden. Dem Papst gegenüber solle er Gehorsam und Ehre erweisen, sich mit dem Nuntius gut stellen, auch selbst nach Rom reisen oder einen Agenten dorthin schicken und die *„cardinahlen carressiren [schmeicheln]"*.

„… waß einem firsten gebirth zu lernen"

Ludwig Wilhelm als 14-Jähriger. Die Zeichnung von Matthäus Merian dem Jüngeren aus dem Jahr 1669 ist das früheste erhaltene Porträt des Markgrafen.
© *Staatliche Kunsthalle Karlsruhe*

Der Markgraf empfiehlt seinem Sohn, sich von anderen Fürsten immer seinem Rang entsprechend behandeln zu lassen, da er *„vohn einem der eltesten heiseren [Häusern] in Deihtchsland geboren"*, und er gibt ihm Anweisungen, welche Anreden, Titel und Gesten bei welchen Häusern angemessen seien und wie er sich ihnen gegenüber verhalten solle. Gegenüber dem Kaiser als dem *„hauhbt dehr deihtschen"* solle der Prinz Treue üben, und der Markgraf rät ihm: *„besuch zu zeihten seinen hoff und caressire dihe minister, halte dich aber allezeit also das mann dich nicht allein libe sondern auch considerire ..."* Auf dem Reichstag solle er nicht gegen den Kaiser, sondern zum Nutzen des Reiches votieren und sich bemühen, die besondere Beziehung des Hauses Baden zum Kaiser zu erhalten, *„nemblich das der kayser ein grösser vertrauwen in uns gesetzen und mer famigliehr [familiär] mitt uns gewesen als keinem anderen firsten im reich"*, weshalb er sich in keine kriegerische Auseinandersetzung gegen den Kaiser einlassen solle.

Der König von Frankreich sei der mächtigste Herrscher nach dem Kaiser und als Nachbar der Markgrafschaft Baden der gefährlichste. Deshalb warnt der Markgraf seinen Sohn davor, Frankreich anzugreifen oder die Franzosen durch Festungsbau oder Einmischung in deren innere Angelegenheiten unnötig zu reizen. Der Markgraf wünscht zwar aus vollem Herzen, dass die Franzosen aus Freiburg und Breisach abziehen; sollte es deshalb zu einer kriegerischen Auseinandersetzung kommen, so solle sein Sohn sich heraushalten, *„eß miste dan deß ganze Römische reich mitt einander halten, so mihr schwerlich erlehben werden"*, womit Ferdinand Maximilian in Anbetracht der zukünftigen Entwicklung zweifelsohne Recht hatte.

Zwar rät Ferdinand Maximilian seinem Sohn, sich die französischen Prinzen, Herzöge und Kavaliere zu Freunden zu machen, aber dabei solle er stets auf seinen Rang achten, er brauche nicht ihre Kleidung zu imitieren, solle aber auf ihre Sitten und ihre Sprache achten, im Übrigen sich um der entstehenden Unkosten und seines Ansehens willen nicht zu lange am französischen Hof aufhalten.

Der Vater meint, er könne sich zwar um die Hofdamen bemühen, warnt ihn jedoch, eine Französin zu heiraten. Aus seinen Worten spricht Bitterkeit, wenn er sagt: *„aber flihen wihe dihe pest eine darauß zu heiraten, dan du sonsten dein lebtag kein ruhe haben und dein hauß gäntzlich miniren wurdest. Klauhb mihr diß mein liebeß kindt und lasse dihr dein eigene mutter eine witzigung sein ..."* Auch keinen französischen Diener solle er einstellen. Geld aus Frankreich könne er annehmen, wenn sich die Gelegenheit biete, aber niemals für Dienste gegen sein eigenes Vaterland oder das Haus Österreich.

Die Grundsätze der Erziehung Ferdinand Maximilians sind also: das klare Bekenntnis zum katholischen Glauben, die Verpflichtung der katholischen

Markgrafschaft gegenüber dem Haus Habsburg und die Zurückhaltung gegenüber dem gefährlichen Nachbarn Frankreich, die zunächst als der einzige vernünftige Weg für die badische Markgrafschaft als Grenzland erschien. Als die Bedrohung des Gebietes am Oberrhein durch den französischen König wuchs, versuchte Ferdinand Maximilian ein Bündnis gegen Ludwig XIV. zustande zu bringen, was ihm aber nicht mehr gelang.

Im Jahr 1669 kam er auf tragische Weise bei einem Jagdunfall ums Leben. Der 14-Jährige Ludwig Wilhelm, der an dieser Jagd ebenfalls teilnahm, wurde zum Augenzeugen des traurigen Ereignisses. Mit dem Tod seines Vaters war die Kindheit Ludwig Wilhelms unwiderruflich zu Ende. Sein Onkel Leopold, der ein wichtiges Vorbild für den Prinzen war, starb zwei Jahre später. Er ließ seine Gemahlin Maria Franziska, eine geborene Fürstenberg, im Schloss in Baden-Baden zurück.

Die Kavaliersreisen

Der 77-jährige Großvater übernahm nun die Erziehung des Prinzen. Er schickte den Enkel bereits mit 15 Jahren auf die Kavaliersreise und beschleunigte – wohl aus Sorge um die Nachfolge – damit den Abschluss der Erziehung. Die beiden Reisebegleiter waren der Hofmeister Cosimo Medici und der Präzeptor Johann Reinhard Vloßdorf. Die erste Station der Reise war Besançon, wo der Prinz zuerst sein Tante Katharina Franziska, die Nonne war, im Kloster „de la Visitation de Notre Dame" besuchte und dann ein Jahr lang Unterweisungen in Sprachen, Juristerei, Mathematik, Befestigungswesen und „in militärischen Sachen" erhielt, die er mit großem Lob seines Hofmeisters absolvierte.

Nach den überstandenen „Blattern" ging die Reise über Genf und Mailand nach Florenz, wo der Prinz von Großherzog Cosimo III. empfangen wurde und die Pracht des Hofes der Medici erlebte. Das Hauptziel der Reise, die Stadt Rom, erreichten der Prinz und seine Begleiter im Dezember 1671, wo der kaiserliche Rat und Resident in Rom Baron Carl Jacob von Plittersdorf den Prinzen empfing und begleitete. Der junge badische Markgraf bekam eine Einladung des Papstes und traf dabei mit dem spanischen Vizekönig von Neapel zusammen. Über Venedig und den Brenner traten Ludwig Wilhelm und seine Begleiter schließlich 1672 wieder die Heimreise an. Die Niederlande, England, Paris, Wien und Norddeutschland fehlten noch zu einer vollständigen Kavaliersreise, aber die Zeit war ungünstig für solche Unternehmungen.

„… waß einem firsten gebirth zu lernen"

Markgraf Wilhelm von Baden-Baden (1593 – 1677). Der Großvater Ludwig Wilhelms übernahm nach dem frühen Tod Ferdinand Maximilians die weitere Erziehung des Prinzen. Kupferstich von Philipp Kilian, um 1660?
© *Kreisarchiv Rastatt*

Im Spannungsfeld der politischen Verhältnisse

Mit 19 Jahren kehrte Ludwig Wilhelm nach Baden-Baden zurück. Inzwischen war 1672 der Holländische Krieg ausgebrochen. Im Kampf um die Niederlande bildete sich eine Allianz gegen Frankreich, die aus dem Kaiser, Spanien, Holland, dem Kurfürsten von Brandenburg und dem Herzog von Lothringen bestand. Die rheinischen Fürsten standen zum Teil auf französischer Seite, andere Fürsten verhielten sich neutral, wie auch zunächst die beiden badischen Markgrafschaften. Ludwig Wilhelms Onkel Markgraf Hermann war ein leidenschaftlicher Befürworter des Reichskriegs gegen Frankreich. Die kaiserlichen Truppen unter dem Generalleutnant Montecucolli versuchten, die Franzosen im Elsass zurückzudrängen. Markgraf Wilhelm, der als Kammerrichter in Speyer beschäftigt war, sandte seinen Enkel Ludwig Wilhelm in seiner ersten politisch-diplomatischen Mission zum Hauptquartier der kaiserlichen Truppen nach Frankfurt mit der Botschaft, dass er den Truppen kein Durchmarschrecht geben könne, aber dem Feldherrn seinen Enkel Ludwig Wilhelm empfehlen wolle.

In Anbetracht seines hohen Alters benannte Wilhelm 1673 in einem Zusatz zu seinem Testament für den Fall seines Todes als Vormünder für Ludwig Wilhelm seine Gemahlin Maria Magdalena, Markgraf Hermann und Pfalzgraf Philipp Wilhelm von Pfalz-Neuburg.

Im gleich Jahr begab sich Ludwig Wilhelm mit Baron von Plittersdorf auf den zweiten Teil seiner Kavaliersreise und besuchte in Düsseldorf Pfalzgraf Philipp Wilhelm sowie die Städte Mainz, Koblenz und Köln. Dabei traf er auch die Brüder seiner Tante, Wilhelm Egon und Franz Egon von Fürstenberg, die zur französischen Partei gehörten. In Köln sollten Friedensgespräche zwischen Holland und Frankreich stattfinden. Der badische Prinz wollte sich ein eigenes Bild von den politischen und militärischen Verhältnissen machen und diplomatische Beziehungen zu den verwandten Fürstenbergern herstellen. Am 15. August 1673 befand sich Ludwig Wilhelm im Lager des kaiserlichen Heeres in Eger und traf dort mit dem kaiserlichen General-Leutnant Montecucolli zusammen. In Wien stattete er Kaiser Leopold I. einen Besuch ab und versicherte ihm im Auftrag seines Großvaters seine und des Markgrafen Wilhelm Ergebenheit.

Im Oktober 1673 schickte Markgraf Wilhelm seinen Enkel mit einer Mission nach Nancy, wo der französische König Ludwig XIV. zur Untersuchung der militärischen Lage und Truppeninspektion weilte. Er sollte ihm sein *„Compliment"* machen und die *„untertänigste devotion"* des Hauses Baden versichern. Laut Instruktion sollte er dem König mitteilen, dass sich die Markgrafschaft Baden neutral verhalten werde, wenn Ludwig XIV. sein Land nicht angreife. Baden habe sich *„nach dem teutschen frieden in die specifische Protection Ihro königl. Mayestät begeben"*.

Im darauf folgenden Jahr war Ludwig Wilhelm noch einmal beim spanischen Gouverneur in Besançon, und kurz darauf wurde Burgund von den Franzosen eingenommen.

Im Frühjahr 1674 wollte Ludwig Wilhelm in Begleitung seines Onkels Hermann noch eine Reise in die Niederlande antreten. Die beiden wurden aber von Markgraf Wilhelm zurückgerufen, da die Situation gefährlich zu werden drohte.

Im Mai 1674 erklärte der Kaiser Frankreich den Krieg. An dem Feldzug gegen Marschall Turenne, der 1675 im Gefecht fiel, nahm Ludwig Wilhelm als 20-Jähriger teil unter Aufsicht seines Onkels Hermann, der ein Artilleriekommando hatte. Auch an der Belagerung der Festung Philippsburg 1676 durch die badischen Markgrafen Friedrich von Baden-Durlach und Hermann von Baden-Baden war Ludwig Wilhelm beteiligt und zeichnete sich durch große Tapferkeit aus. Deshalb wurde ihm die ehrenvolle Aufgabe übertragen, dem Kaiser in Wien die gute Nachricht vom Sieg über die französischen Truppen zu überbringen. Dies war die entscheidende Wende im Leben des Prinzen. Der Kaiser verlieh ihm ein Infanterieregiment und ernannte ihn in Wien zum Obristen. Ludwig Wilhelm hatte seinen Platz im Leben beim Militär gefunden. Die Zeitumstände hatten ihm diese Rolle aufgedrängt. Er kämpfte fortan für die Sache des Reiches und glaubte, damit auch der Markgrafschaft zu dienen.

Übernahme der Regentschaft

Im Jahr 1677 starb Ludwig Wilhelms Großvater Markgraf Wilhelm mit 84 Jahren. In den vergangenen Jahren hatte Ludwig Wilhelm bereits die Administration der Markgrafschaft ausgeführt. Nun übernahmen die verwitwete Markgräfin Maria Magdalena, Markgraf Hermann von Baden-Baden und Herzog Philipp Wilhelm von Pfalz-Neuburg die Vormundschaft. Sie sollten den Prinzen gemäß dem Testament an den Regierungsgeschäften beteiligen und ihn zu *„einem Fürsten mit wohlanständigen qualiteten und tugenden"* erziehen und *„zu Gottesforcht anhalten"*. Markgraf Hermann befand den Neffen schon für *„tüchtig und capabel"*, die Markgrafschaft zu regieren. Dazu bedurfte der 22-jährige Ludwig Wilhelm jedoch der Zustimmung des Kaisers, da er noch nicht volljährig (25 Jahre) war. 1678 erhielt er vom Kaiser Leopold I. in Wien die Majorennitätsurkunde und war nun regierender Markgraf von Baden-Baden.

Der „Türkenlouis"

Markgraf Ludwig Wilhelm von Baden und die Türkenkriege

von Marco Müller

Seit 1683 erwies sich Ludwig Wilhelm in den Türkenkriegen als fähiger Feldherr. Obwohl ihm seine militärischen Erfolge gegen das Osmanische Reich höchste militärische Ehren und den volkstümlichen Beinamen „Türkenlouis" einbrachten, wurde ihm eine aufrichtige Verehrung wie etwa seinem Vetter Eugen von Savoyen, dem „edlen Ritter", nicht zuteil. Dies lag wohl vor allem an einer Reihe negativer Eigenschaften, die Ludwig Wilhelm neben zweifellos vorhandenen guten Charakterzügen sein Eigen nennen musste: ein hochfahrendes Temperament mit einem Hang zum Jähzorn, Besserwisserei und Überheblichkeit, gepaart mit Anmaßung und einem permanenten Drang nach Standes- und Rangerhöhung, dafür umso weniger mit diplomatischem Geschick ausgestattet. So konnte man sich überall Feinde und Neider schaffen. Desto bemerkenswerter ist sein stetiger Aufstieg in kaiserlichen Diensten, der zwar durch die Protektion seines Onkels Hermann von Baden beschleunigt wurde, dessen Grundlage aber die militärischen Leistungen Ludwig Wilhelms waren.

Der „Türkenlouis"

Militärische Karriere bis 1683

Erste militärische Erfahrungen machte Ludwig Wilhelm an der Seite seines Onkels Hermann von Baden, damals kaiserlicher Generalfeldzeugmeister und für Ludwig Wilhelm zunehmend eine Art Ersatzvater geworden, im Holländischen Krieg. Auszeichnen konnte sich Ludwig Wilhelm, der 1674 als „Volontär" in das kaiserliche Heer eingetreten war, vor allem bei der Belagerung der Festung Philippsburg, die am 17. September 1676 nach mehr als viermonatiger Belagerung vom französischen Festungskommandanten übergeben wurde. Ludwig Wilhelm wurde die Ehre zuteil, die Nachricht vom Fall Philippsburgs nach Wien an den Kaiserhof zu bringen. Dort hatte Kaiser Leopold ihm schon am 11. Juli 1676 ein kaiserliches Infanterie-Regiment, das Markgraf Hermann seit dem 26. Januar 1674 als Inhaber besaß, auf dessen Wunsch hin übertragen. Gleichzeitig wurde Ludwig Wilhelm zum Obristen ernannt und stand somit offiziell in militärischen Diensten des Kaisers. Dies war für das Haus Baden keine Besonderheit, denn alle seine Mitglieder bis auf Ludwig Wilhelms Vater Ferdinand Maximilian hatten kaiserliche Dienstgrade und Regimenter besessen.

Ende Juni 1678 erhielt Ludwig Wilhelm, inzwischen bereits regierender Markgraf von Baden, bei Neuenburg eine Verwundung, die ihn zwang, nach Baden-Baden zurückzukehren. Am 18. Mai 1679, nach dem Ende des Holländischen Krieges durch den Vertrag von Nimwegen, erhob der Kaiser den jungen Markgrafen in den Rang eines Generalfeldwachtmeisters. Am 1. Februar 1682, im Vorfeld eines geplanten Krieges des Reiches mit Frankreich, erklomm Ludwig Wilhelm die nächste Sprosse auf der militärischen Rangleiter: er wurde zum Feldmarschall-Leutnant befördert. Doch nicht in einem Krieg mit Frankreich sollte sich der Badener in dieser Funktion bewähren, sondern fern seiner Heimat im Abwehrkampf des Kaisers gegen das Osmanische Reich.

Der türkische Angriff auf Wien

Die Existenz des seit der ersten Hälfte des 16. Jahrhunderts weit nach Europa hineinreichenden Osmanenreichs bedeutete eine ständige Bedrohung für das christliche Europa, besonders für das Habsburgerreich. Trotz oder gerade wegen des inneren Verfalls des Osmanenreichs begann unter den Wesiren Mohammed und Achmed Köprülü eine neue osmanische Expansion. Der Anlass zu einem neuen Krieg bot sich für den Großwesir Achmed Köprülü in der Teilnahme Georgs II. Rákóczy, des Fürsten von Siebenbürgen, als Verbündeter Schwedens im Polenkrieg, an dem er sich entgegen den Abmachungen mit dem Kaiser und

Markgraf Ludwig Wilhelm zu Pferd nach seiner Ernennung zum General der Kavallerie durch Kaiser Leopold im Oktober 1683. In der rechten Hand hält Ludwig Wilhelm den Marschallstab. Kupferstich nach 1683.
© Staatliche Kunsthalle Karlsruhe

dem Verbot des Sultans, seines Landesherrn, beteiligte. Rákóczy wollte damit seine Stellung gegenüber Kaiser und Sultan stärken, seine Pläne scheiterten allerdings. Eine Strafexpedition der Osmanen nach Siebenbürgen endete mit der Niederlage und dem Tod Rákóczys im Jahr 1660. Die Nachfolgefrage in Siebenbürgen zwang nun sowohl den Kaiser als auch den Sultan zu einer direkten Kriegsführung. Im September 1663 geriet die Grenzfestung Neuhäusel an der Neutra (Nové Zámky) in die Hände der osmanischen Angreifer, Großwardein (Oradea) fiel 1664 an die Türken. Nach der siegreichen Schlacht bei St. Gotthard an der Raab am 1. August 1664 unter dem kaiserlichen Feldmarschall und Präsidenten des Hofkriegsrates, Raimund Graf Montecuccoli, unter der Teilnahme von Leopold Wilhelm von Baden, einem Onkel Ludwig Wilhelms, gegen ein zahlenmäßig überlegenes osmanisches Heer, konnte der Kaiser im Frieden von Eisenburg (Vasvár) einen 20-jährigen Waffenstillstand aushandeln. Die türkische Expansion in Südosteuropa ging trotzdem weiter: Kreta fiel 1669 an die Osmanen, Podolien 1672. 1676 gelangte Großwesir Kara Mustafa, ein Schwiegersohn Mohammed Köprülüs, zur Herrschaft. Sein ehrgeiziges Ziel war die Schaffung eines Sultanats in Ungarn und den habsburgischen Erbländern mit Wien als Hauptstadt. Durch die osmanische Unterstützung des ungarischen Aufständischen Graf Tököly 1682 waren alle Hoffnungen auf eine friedliche Lösung und eine etwaige Verlängerung des Waffenstillstands zusammengebrochen.

Am 2. Januar 1683 wurden als Symbol der Kriegserklärung vor dem Sultanspalast in Konstantinopel die Rossschweife aufgesteckt; am 31. März erreichte die Kriegserklärung Mehmeds IV. Wien: Der Sultan befahl darin Kaiser Leopold *„… Uns in deiner Residenzstadt zu erwarten, damit Wir dich köpfen können".* So passiv wollte der Kaiser denn allerdings nicht verharren. Umgehend traf man Verteidigungs- und Sicherheitsmaßnahmen für das kaiserliche Ungarn und schloss Bündnisse mit Bayern und Polen ab. Am 3. Mai 1683 trafen der Sultan und sein Großwesir in Belgrad ein, das als Sammlungsort für die osmanischen Truppen diente. Rasch gelang den Türken der Vormarsch. Das kaiserliche Heer unter seinem Oberbefehlshaber Herzog Karl V. von Lothringen war auf dem Rückzug und versuchte, einen Zeitgewinn zur Verteidigung Wiens zu erreichen. Am 7. Juli 1683 kam es zu einem erbitterten Gefecht zwischen der kaiserlichen Nachhut und den sie verfolgenden Tataren und Türken, und nur durch das persönliche Eingreifen von Herzog Karl und des Markgrafen Ludwig Wilhelm konnte die im kaiserlichen Heer ausgebrochene Panik wieder eingedämmt werden. An diesem Tag verließ auch der Kaiser mit seinem Hofstaat Wien und siedelte nach Passau über. Die Wiener Vorstädte wurden von den Kaiserlichen in Brand gesteckt, damit sich der Feind dort nicht festsetzen konnte. Ludwig Wilhelm erhielt die Aufgabe, die dortige Bevölkerung beim Zusammenraffen ihrer letzten Habseligkeiten zu schützen. Am 14. Juli standen die Osmanen vor den Toren Wiens, und innerhalb von zwei Tagen geschah die Einschließung der Stadt. Den 12.000 Verteidigern Wiens unter dem Stadtkommandanten Ernst Rüdiger Graf Starhemberg standen 90.000 Türken und 20.000 Tataren gegenüber, ja, es ist sogar von bis zu 200.000 Belagerern die Rede. Fast zwei Monate vergingen, bis das eilends zusammengetrommelte europäische Entsatzheer mit rund 75.000 Mann unter Polenkönig Johann Sobieski endlich in der Nacht vom 10. auf den 11. September auf dem Kahlenberg (später Leopoldsberg genannt) bei Wien stand. Diesem Heer gehörte Markgraf Ludwig Wilhelm als Kommandant eines Dragonerregiments an, nachdem er sich zwischenzeitlich bei den Kämpfen um Preßburg (Bratislava) gegen die Soldaten des Grafen Tököly unter den Augen Karls von Lothringen hatte bewähren können.

Großwesir Kara Mustafa hatte es aus Nachlässigkeit oder Überheblichkeit unterlassen, zur Sicherung seiner Truppen die Höhen des Wienerwalds mit Verhauen ungangbar zu machen und zu befestigen. Nun konnte der Angriff der Kaiserlichen in den Rücken der türkischen Belagerer erfolgen, zu deren Verteidigung hauptsächlich Kavallerie zur Verfügung stand, denn der größte Teil der türki-

Der „Türkenlouis"

Die Standarte von Ludwig Wilhelm stammt aus den ersten Jahren nach seiner Ernennung zum General der Kavallerie. Sie zeigt auf der Vorderseite das Spiegelmonogramm und den Fürstenhut des Markgrafen. Auf der Rückseite befindet sich die Darstellung eines Adlers, der einen Hirsch schlägt. Darüber befindet sich der lateinische Wahlspruch DETVRBANS VIS ANIMOSA QVATIT, „Die mutige Kraft verjagt und zerschlägt das Schwierige". © *Badisches Landesmuseum Karlsruhe*

schen Infanterie befand sich noch in den Laufgräben und war durch die noch kampfbereite Besatzung der Stadt gebunden. Wohl rechnete Kara Mustafa damit, Wien noch erobern zu können, bevor der Angriff des Entsatzheeres erfolgte. Einen Tag später, am 12. September, begann der Angriff. Markgraf Ludwig Wilhelm kämpfte auf dem linken Flügel unter Karl von Lothringen, in seinem Gefolge als Volontär sein junger Vetter Prinz Eugen von Savoyen-Carignan. Bis Mittag glückte die Eroberung der von den Türken bei Nußberg und Nußdorf errichteten Schanzen. Ludwig Wilhelm gelang es mit seiner Infanterie in die Laufgräben einzudringen. Der Rückzug der türkischen Truppen durch ihr eigenes Zeltlager geriet zur planlosen Flucht. Auf Seiten der Kaiserlichen glaubte man zunächst an eine Kriegslist und hielt die Truppen in der kommenden Nacht in Alarmbereitschaft. Am 13. September zog dann schließlich Johann Sobieski gefeiert in die befreite Stadt ein. Nur 600 Tote waren auf Seiten des Befreiungsheeres zu beklagen. Die türkische Expansion in Europa war mit diesem überwältigenden Sieg gebannt. Was nun in den nächsten Jahren folgte, war die äußerst mühsame Rückeroberung von Ungarn, Siebenbürgen und Serbien, die dem Habsburgerreich den Aufstieg zur europäischen Großmacht brachte. Noch 1683 gelang die Erstürmung Parkanys und die Einnahme von Gran (Esztergom). Der Kaiser belohnte dies im November mit der Ernennung Ludwig Wilhelms zum General der Kavallerie.

Kämpfe in Ungarn

Der Feldzug des Jahres 1684 begann recht spät – die damalige Kriegführung war von den Jahreszeiten abhängig – und mit relativ bescheidenem Truppenumfang. Der Weg führte das kaiserliche Heer donauabwärts. Im Juli erreichte das Heer unter Karl von Lothringen Ofen (Buda). Zwar konnte Karl am 21. Juli ein Reitergefecht siegreich beenden, bei dem Ludwig Wilhelm eine nicht unbedeutende Rolle spielte, das stark befestigte Ofen konnte aber trotz mehrmonatiger Belagerung nicht eingenommen werden. Nach einem Angriff der Türken am 30. Oktober entschloss sich Karl zum Rückzug, fast zu spät allerdings, denn das osmanische Heer setzte den Kaiserlichen nach, das seinen gesamten Tross verlor. 2.500 verwundete und kranke kaiserliche Soldaten wurden dabei niedergemetzelt. Immerhin gelang den Kaiserlichen bei Eperjes in Oberungarn ein Sieg über die Soldaten Tökölys.

Neuhäusel, Tokaj, Kaschau (Kosice) und Arad – das waren einige Erfolge der kaiserlichen Armee im Jahr 1685. Das darauf folgende Jahr ließ sich ebenfalls für die Kaiserlichen gut an. Schon am 12. Februar 1686 kapitulierte Szent Job, eine starke türkische Festung nordöstlich von Großwardein, im Juni standen kaiserliche Truppen tief in Siebenbürgen in Hermannstadt, und erneut lagerte man vor Ofen. Die auf einem lang gezogenen Bergrücken oberhalb des rechten Donauufers liegende Festung wurde von den Türken erbittert verteidigt. Immer wieder wurden die Belagerer durch türkische Angriffe bedroht. Am 2. September schließlich setzte Herzog Karl von Lothringen zum entscheidenden Angriff auf die Festung an und war siegreich. Im Oktober gewannen die Kaiserlichen bei Zenta, die Festung Szegedin kapitulierte. Etwa gleichzeitig gelang Ludwig Wilhelm die Eroberung von Stadt und Schloss Fünfkirchen (Pécs) und im November die Einnahme des stark befestigten Kaposvár. Ein großer Teil des heutigen ungarischen Staatsgebiets war somit 1686 befreit worden. Am 13. Dezember 1686 ernannte Kaiser Leopold I. den erst 31-jährigen Markgrafen aufgrund seiner Verdienste in diesem Feldzugsjahr zum Feldmarschall, nachdem er ihm bereits einen Monat zuvor in einem Dekret die Anwartschaft auf das Reichslehen an Bühl wegen seiner *„rühmlich erwiesenen Dapferkeit"* zuerkannt hatte.

Die bedeutendste Schlacht 1687 war die bei Mohács am 12. August. Auch hier konnte sich der Markgraf von Baden auszeichnen. Mit 23 Eskadronen schlug er die türkische Reiterei derart, dass diese auf der Flucht die eigene Infanterie verwirrte. Und auch Prinz Eugen bewährte sich, durfte die Siegesbotschaft nach Wien bringen und wurde dort vom Kaiser zum Feldmarschall-Leutnant befördert. Das Verhältnis des Markgrafen zu seinem Oberbefehlshaber, dem Herzog von Lothringen, hatte sich in der Zwischenzeit erheblich abgekühlt, erschien Ludwig Wilhelm die Art der Kriegführung Karls doch zunehmend als unsicher und zaudernd. Als dieser kurz nach der Schlacht bei Mohács bei der Vergabe eines selbständigen Kommandos Ludwig Wilhelm überging, verließ der Markgraf gekränkt und ohne Genehmigung seines Oberkommandierenden den Kriegsschauplatz. Hinzu kam, dass Karl von Lothringen in fast ständigem Streit mit dem Onkel Ludwig Wilhelms, Hermann von Baden, seit 1681 Präsident des kaiserlichen Hofkriegsrats, lag. Durch die verschiedenartigen Anfeindungen verlor Hermann 1688 sein Präsidentenamt und diente bis zu seinem Tod am 2. Oktober 1691 dem Kaiser als Prinzipalkommissar auf dem Reichstag in Regensburg.

Zurück zum Kriegsgeschehen: Während im August 1688 die kaiserliche Hauptarmee Belgrad belagerte, nachdem zuvor im Mai bereits Stuhlweißenburg (Székesfehérvár) kapituliert hatte, überschritt Markgraf Ludwig Wilhelm mit einem kleineren Korps die Save bei Brod. Dort erhielt er die Nachricht, dass der Pascha von Bosnien nur 20 Kilometer entfernt bei Dervent lagerte. Ludwig Wilhelm entschied sich dafür, den Pascha in dessen Lager zu überraschen. Nach einem nächtlichen Ritt mit seiner Kavallerie von insgesamt 3.000 Reitern – die In-

Der „Türkenlouis"

Ludwig Wilhelm als Feldmarschall. Der badische Markgraf war Ende 1686 im Alter von erst 31 Jahren zum Feldmarschall ernannt worden. Kupferstich von P. Schenck. Amsterdam, um 1690.
© *Kreisarchiv Rastatt*

fanterie hatte er der schnelleren Beweglichkeit wegen in Brod zurückgelassen – stand er im Morgengrauen des 5. September dem kampfbereiten Heer des Paschas – es sollen 15.000 Mann gewesen sein – gegenüber. Nur 200 Opfer hatte der Markgraf in seinen Reihen zu beklagen, während jeder dritte Türke auf dem Schlachtfeld blieb, 2.000 wurden gefangengenommen. Ein großer Sieg für den selbst in vorderster Front mitkämpfenden Markgrafen.

Unterdessen war der Hauptarmee die Eroberung Belgrads, der wichtigsten Festung an der Donau, geglückt. Der Siegeszug der kaiserlichen Armee gegen die Osmanen hätte ungeschmälert fortgeführt werden können, hätte nicht der französische König Ludwig XIV. seine Truppen in die Pfalz einmarschieren lassen und so Kaiser Leopold zu einem Zweifrontenkrieg gezwungen. Noch im Jahr 1688 und im Frühjahr 1689 wurden die Reichstruppen und viele kaiserliche Regimenter in den Westen des Reiches verlegt, mit ihnen ein Großteil der Männer, die sich im Krieg gegen die Osmanen verdient gemacht hatten, darunter der Oberbefehlshaber Karl von Lothringen, Kurfürst Max Emanuel von Bayern und auch Prinz Eugen von Savoyen. Zurück blieb Markgraf Ludwig Wilhelm, der am 6. April 1689 den Oberbefehl im Kampf gegen die Türken übertragen bekam.

Ludwig Wilhelm als Oberbefehlshaber gegen die Türken

Dem Markgraf fehlte es bei seinen Operationen gegen die Osmanen notorisch an Geld und an Truppen. Im Juli 1689 konnte er über ein Heer von 24.000 Mann verfügen. Im August stand Ludwig Wilhelm mit nur 17.000 Soldaten vor einem mit 40.000 Mann verschanzten Lager der Osmanen bei Nissa (Niš). Der Markgraf wandte gegen diese Übermacht eine Umgehungstaktik an, griff den Feind in dessen Rücken und von den Flanken an und trug einmal mehr den Sieg davon. Die Stadt Nissa mit ihren für das Heer des Badeners so dringend benötigten Lebensmittelvorräten wurde daraufhin ohne Gegenwehr besetzt. Von dort aus setzte Ludwig Wilhelm seinen Feldzug nicht etwa nach Osten, Richtung Sofia fort, sondern zog mit der Hälfte seiner Armee – der andere Heeresteil unter Feldmarschall-Leutnant Graf Piccolomini marschierte zeitgleich nach Süden Richtung Mazedonien – nach Norden, auf die Donaufestung Widdin (Vidin) zu. Dort schlug seine Reiterei in einem Überraschungsangriff die vor der Stadt kampierenden Türken. Auch die Stadtbefestigung war schnell überwunden, doch folgte ein verlustreicher Kampf in den Straßen der Stadt. Nach der Eroberung der Stadt hielten die überlebenden Türken noch drei Tage, bis zum 19. Oktober, im Schloss von Widdin aus, dann kapitulierten auch sie.

Noch im gleichen Jahr, in dem der Markgraf in Nissa und Widdin triumphierte, erfolgte die Einsetzung des Großwesirs Fàzil Mustafa Köprülü, der es verstand, die türkischen Kräfte zu konsolidieren. Durch den Beginn des Pfälzischen Erbfolgekriegs, in der neueren Forschung auch als Neunjähriger Krieg bezeichnet, hatten die Habsburger einen Zweifrontenkrieg zu führen, der nicht nur die Rückeroberung auf dem Balkan ins Stocken brachte, sondern sogar dazu führte, dass 1690 Teile der zuvor eroberten Gebiete Siebenbürgens und Serbiens und das strategisch bedeutsame Belgrad wieder an die Türken fielen. Laut wurde über Friedensverhandlungen mit den Türken nachgedacht, denn viele hohe Militärs, unter ihnen Markgraf Ludwig Wilhelm und Karl von Lothringen, erkannten, dass das kaiserliche Heer auf Dauer keinen Krieg an zwei Fronten zu führen imstande war. Kaiser Leopold willigte hierzu aber nicht ein und beließ dem Markgrafen gegen dessen Willen den Oberbefehl über ein viel zu kleines Heer im Osten des Reiches. Er hatte die Aufgabe, die eroberten Gebiete zu halten, was aber nicht gelingen konnte, denn es waren zwei türkische Heere gegen Nissa und Widdin und eines unter Tököly in Siebenbürgen ins Feld geschickt worden. Nissa und Widdin kapitulierten. Der Winter brachte den Kaiserlichen eine dringend benötigte Atempause. Durch einige Truppenverstärkungen konnte der Markgraf 1691 immerhin über etwa 85.000 Mann den Oberbefehl führen, allerdings verteilt über das gesamte Kampfgebiet. Seine Armee umfasste zu Beginn der neuen Feldzugskampagne etwa 55.000 Mann.

Die Schlacht von Slankamen

Zu den berühmtesten Schlachten Ludwigs Wilhelms gehörte die von Slankamen am 19. August 1691. Dabei war die Ausgangslage vor Schlachtbeginn denkbar ungünstig. In der zweiten Juliwoche 1691 war Ludwig Wilhelm mit seinem Heer von Esseg, das als Sammlungsort für das kaiserliche Heer diente, nach Peterwardein (Petrovaradin) marschiert, wo eine Versorgungsbasis eingerichtet wurde. Zwischenzeitlich hatten die Osmanen unter dem persönlichen Kommando des Großwesirs bei Semlin nahe Belgrad in einem Winkel zwischen der Savemündung und der Donau ein verschanztes Lager errichtet. Gegen dieses Lager führte nun der Markgraf seine Armee in geschlossener Schlachtordnung, lagerte dort zwei Tage und erwartete vergeblich einen Angriff der Türken. Seinerseits konnte er einen Angriff auf das türkische Lager kaum wagen, kamen doch zur türkischen Überlegenheit bei der Truppenstärke in seinem eigenen Heer erhebliche Ausfälle durch Hitze und mangelnde Versorgung. Ludwig Wilhelm blieb nichts anderes übrig, als zu hoffen, durch eine Rückwärtsbewegung das feindliche Heer herauszulocken. Er bezog deshalb Stellung bei Slankamen, wo sich ihm mit der Donau im Rücken und der Front an den Festungsanlagen von Slankamen und den Ausläufern des Kosevac-Gebirgszugs angelehnt, eine scheinbar vorteilhafte Position bot. Sein Plan indes ging nur teilweise auf. Zwar folgte Köprülü mit seinem Heer dem Markgrafen, doch griff er ihn nicht an, umging in zwei Nachtmärschen dessen Stellungen, stand am 18. August auf einem Höhenzug in der Flanke des kaiserlichen Heeres und errichtete dort eilig ein verschanztes Lager. Ludwig Wilhelm war somit die Rückzugslinie abgeschnitten; ihm blieb nur die offene Feldschlacht. 50.000 bis 60.000 Türken standen 33.000 Soldaten des Markgrafen gegenüber. Am Nachmittag des 19. August begann die verlustreiche Schlacht, die sich erst zugunsten der Kaiserlichen entschied, nachdem der Kavallerie auf dem linken Flügel der Einbruch in die nur mit einer Wagenburg befestigte offene Seite des türkischen Lagers gelungen war. 20.000 bis 25.000 Türken fielen im Kampf oder wurden niedergemacht, unter ihnen der Großwesir persönlich, der Serasker (Kriegsminister), der Janitscharenaga, 18 Paschas und über 100 weitere hohe Würdenträger. Aber auch das kaiserliche Heer hatte 7.300 Tote zu beklagen. Ludwig Wilhelm erbeutete unter anderem 10.000 Zelte, 5.000 Pferde, 2.000 Kamele, 154 Geschütze und 54 Kisten Kupfergeld.

Brustportrait von Ludwig Wilhelm mit Gedicht auf seine Heldentaten von Lud. Smids. Der Kupferstich von I. Golo, Amsterdam um 1695, zeigt die Popularität des Türkenlouis in den 1690er Jahren.
© Kreisarchiv Rastatt

Lohn für diesen Sieg war die Ernennung des Markgrafen zum Generalleutnant, dem höchsten militärischen Rang im kaiserlichen Heer, und im darauf folgenden Jahr die Verleihung des Ordens vom Goldenen Vlies durch den König von Spanien. Die Übergabe des Ordens selbst fand am 13. Februar 1693 statt und war bezeichnend für das zwischenzeitlich angespannte Verhältnis Ludwig Wilhelms zum kaiserlichen Hof. Die sonst mit viel Pomp verbundene Übergabe fand in dem Dorf Langenzersdorf vor den Toren der kaiserlichen Residenz aus den Händen des Prinzen Eugen – der hier einmal seinem badischen Vetter voraus war und bereits einige Jahre zuvor den Orden erhalten hatte – statt. Einer feierlichen Überreichung in Wien hatte man Schwierigkeiten entgegengestellt. Vor allem die Kaiserin wollte Ludwig Wilhelm nicht das gleiche Zeremoniell zubilligen, das bei der Ordensverleihung an ihren Bruder, den Pfalzgrafen von Neuburg, beachtet worden war, der Markgraf aber seinem Rang nichts vergeben lassen. Das Verhältnis zum Kaiser hatte schon im Jahr zuvor erste Risse bekommen, als dieser Hannover eine neunte Kurwürde zusprach, sehr zum Missfallen des badischen Markgrafen.

Eine wichtige Zäsur im Leben des Markgrafen bildete das Jahr 1692. Ludwig Wilhelm sollte auf Wunsch des Schwäbischen Kreises den militärischen

Oberbefehl über die Truppen auf dem westlichen Kriegsschauplatz gegen die Franzosen übernehmen. Dieser Aufgabe kam er nach, als er im Januar 1693 vom Kaiser zunächst den Oberbefehl über die kaiserlichen Truppen im Reich und im März von den Ständen das Kommando über die Fränkischen und Schwäbischen Kreiskontingente erhielt. Seinen alten Kriegsschauplatz in Ungarn und Serbien, den er am 26. Oktober 1692 verlassen hatte, sah er nicht mehr wieder.

Trotz der Vernichtung des türkischen Heeres bei Slankamen konnte dieser Erfolg wegen der eigenen Schwäche der Kaiserlichen nicht ausgenutzt werden. Die Schlacht bei Slankamen war lange Jahre der letzte Erfolg gegen die Osmanen. Dies lag vor allem daran, dass der spätere oberste Heerführer im Osten Kurfürst Friedrich August von Sachsen – er hatte den zwei Jahre lang kommandierenden Feldmarschall Graf Caprara abgelöst – nicht annähernd das militärische Können seines Vorgängers Ludwig Wilhelm besaß. Die Stärke des Kurfürsten lag auf anderem, auf menschlicherem Gebiet. Dem Cousin Ludwig Wilhelms, Prinz Eugen von Savoyen, blieb es in der Nachfolge von Kurfürst Friedrich August als Oberbefehlshaber vorbehalten, die Hohe Pforte am 26. Januar 1699 zum Frieden von Karlowitz zu bewegen.

„… dass ich eine solche Lieb für ihn hab"

Die Ehe Ludwig Wilhelms mit Sibylla Augusta

von Martin Walter

> *„Opportune Heiraten stiften ist allezeit ein so wichtig Geschäft gewesen als Bataiglen gewinnen und anstoßend Land mit dem Schwert zu acquiriren"*
> Freiherr von Bluhm (Kaiserlicher Appellationsrat und böhmischer Vizepräsident)

Markgraf Ludwig Wilhelm steht 1689 kurz vor dem Zenit seiner militärischen Laufbahn. Er ist aber auch Regent der stark überschuldeten und zerstörten Markgrafschaft Baden-Baden. Schon dies mag eine Heirat mit einer sogenannten „guten Partie" ratsam gemacht haben. Bisher war die militärische Karriere im Vordergrund gestanden. Eine „Belohnung" durch den Kaiser hat es bisher nicht gegeben. Der Markgraf war aber auch bereits 34 Jahre alt, gewissermaßen im besten Alter, Grund genug sich nach einer zukünftigen Gefährtin umzuschauen.

Eine junge Braut

Neben einer finanziell guten Ausstattung der Braut war auch ihre Herkunft von Bedeutung. Heiraten wurden nach politischem und wirtschaftlichem Kalkül geschlossen. Gefühle hatten dabei keinerlei Rolle zu spielen. Zeitgleich beginnt sich im November 1689 das Ehekandidaten-Karussell für zwei junge und dazu äu-

„... dass ich eine solche Lieb für ihn hab"

Sibylla Augusta von Sachsen-Lauenburg (1675–1733) war erst 15 Jahre alt, als Ludwig Wilhelm sie zu seiner Braut wählte. Detail aus einem Porträt der Prinzessin, böhmischer Hofmaler, Ölgemälde, um 1690.
© *Landesmedienzentrum Baden-Württemberg*

ßerst begüterte lauenburgische Prinzessinnen zu drehen. Auch Kaiser Leopold sah die Zeit für eine „Belohnung" seines badischen Feldherrn gekommen. Neben vielen anderen adeligen Herren im heiratsfähigen Alter führt auch Markgraf Ludwig seine Bewerbung ins Feld. Kaiser Leopold I. soll ihm die freie Wahl zwischen den beiden Prinzessinnen zugesagt haben. Ludwig Wilhelm meint es ernst und reist nach Böhmen. Am 6. Januar 1690 erreicht er die Residenz in Prag. Graf Sternberg gibt dem Markgraf zu Ehren ein Fest. Allerdings hegte Ludwig Wilhelm diesem gegenüber einige nicht unbegründete Befürchtungen, weil ihm zu Ohren gekommen sei, dass den Prinzessinnen *„einige widrige Impressiones wegen seiner gemacht worden"*.

Am 10. Januar 1690 trifft Ludwig Wilhelm in Schlackenwerth ein. Der Großvater der beiden Prinzessinnen, Pfalzgraf Christian August, ist bei der Ankunft des Markgrafen anwesend und über die Gegenwart Ludwig Wilhelms, des großen Feldherrn, äußerst angetan: Er freue sich *„Gelegenheit erlangt zu haben, mit diesem so hoch renommierten Herren persönlich bekannt zu werden"*, so der Pfalzgraf.

Die Befürchtungen, die Ludwig Wilhelm im Vorfeld hatte, zerschlugen sich allerdings rasch. Er wandte sich spontan der jüngeren der beiden Prinzessinnen zu, und in der Tat entwickelte sich die Angelegenheit im Sinne des Markgrafen gut. Von Beginn an stieß er bei der 15-jährigen Sibylla Augusta auf große Sympathie. Und auch dem Großvater Christian August ist bereits nach wenigen Tagen klar, welche Wahl der Markgraf treffen wird. Ludwig Wilhelm meidet die ältere Prinzessin Anna Maria Franziska. Am 14. Januar bereits, Ludwig Wilhelm war erst vier Tage in Schlackenwerth, fand die Verlobung statt, die der Bischof von Leitmeritz durchführte. Hinter den Kulissen begannen zwischen den Unterhändlern der beiden Häuser Verhandlungen über die weitere Vorgehensweise. Vor allem Vermögens- und Mitgiftfragen mussten geklärt werden. Der Hochzeitstermin wurde auf den 27. März terminiert und sollte auf Schloss Raudnitz gefeiert werden. Auch am kaiserlichen Hofe stieß die Wahl des Markgrafen auf Zustimmung, obwohl es der Kaiser lieber gesehen hätte, wenn er anstatt der jüngeren Prinzessin die ältere gewählt hätte.

Die Hochzeit

Die Hochzeit fand wie geplant in der Raudnitzer Schlosskapelle am 27. März 1690 morgens um 9.00 Uhr statt. Ludwig Wilhelm hatte für seine Braut in Paris standesgemäße Kleider bestellt, doch waren sie zum Termin nicht mehr eingetroffen. Aus diesem Grund geriet auch die Bekleidung des Bräutigams bescheiden. Der ansonsten sehr auf aktuelle Mode bedachte Markgraf hatte keinen Mantel und auch keinen Kranz auf dem Haupt. Die Quellen berichten: „*sein Hochzeitskleid war ein sammetner Rock mit Knöpfen von Diamanten besetzt*". Die Braut wie auch die Brautschwester „*waren wohl bekleidet und mit Juwelen reichlich versehen*". Die Feierlichkeiten dauerten über den eigentlichen Hochzeitstag hinaus, waren aber weniger pompös als zu dieser Zeit üblich. Nach der Trauungszeremonie in der Schlosskapelle wurde eine Festtafel veranstaltet, aber nur in relativ bescheidener Weise. Im Anschluss daran formierten sich die geladenen Gäste, darunter Pfalzgraf Philipp als Vertreter des Kaisers, in der selben Ordnung wie beim Einzug. Tags darauf nahm die Gesellschaft das Hauptmahl ein. Abends wurde im Ballhaus eine Komödie aufgeführt. Seiner jungen, gerade 15-jährigen Gemahlin schenkte der Markgraf ein wertvolles Hals- und Armband, das 24.000 Gulden gekostet haben soll. Wenige Tage später muss der frischgebackene Ehemann Sibylla Augusta verlassen und reist nach Wien, wo ihn neue militärische Aufträge erwarten.

Jahre der Trennung

Nach der Abreise des Markgrafen verlässt auch die junge Markgräfin Sibylla Augusta das Schloss in Raudnitz und kehrt in die Heimat, nach Schlackenwerth, zurück. Nach Baden-Baden kann sie nicht, es erscheint unmöglich, denn das baden-badische Kernland ist verwüstet, die Städte und Dörfer waren 1689 durch die Franzosen zerstört worden. Auch das neue Schloss in Baden-Baden ist abgebrannt und unbewohnbar. Die ganze Residenzstadt liegt in Trümmern.

Seine Frau kann der Markgraf nur wenige Tage im ersten Jahr sehen, zu sehr ist er mit der Verteidigung des Reiches gegen die Türken beschäftigt. Da Ludwig Wilhelm sich nicht um die Geschicke der böhmischen Herrschaften kümmern kann, arbeitet sich seine Ehefrau bereits in frühen Jahren in die Verwaltungsgeschäfte ein und übernimmt gewissermaßen die „Herrschaftsleitung" bei Abwesenheit des Gatten.

Obwohl die Ehe eine politisch gewollte ist und aus „Staatsraison" zu Stande kam, entwickelt sich die Beziehung zu einer sehr persönlichen. Sibylla Augusta verehrt den rund 20 Jahre älteren Markgrafen sehr. Aus der zunächst vorhandenen Zuneigung entwickelt sich eine Liebesbeziehung, wie der nachfolgend aufgeführte Wortlaut eines Briefes der jungen Markgräfin vom 26. Juni 1691 belegt: *„Gestehe es aber Euer Gnaden, dass ich eine solche Lieb für ihn hab, die gewiß nicht größer sein kann und kann Euer Gnaden nicht genug untertänigen Dank sagen, dass sie haben gnädigst erlauben wollen, dass wir einander haben, denn wenn ich nur bei ihm wäre, wäre ich das glückseligste Mensch auf der ganzen Welt."*

Auch die Abwesenheit Ludwig Wilhelms in den ersten Monaten der Ehe und die dadurch bedingten einsamen Wochen seiner Gemahlin auf Schloss Schlackenwerth können die Beziehung nicht gefährden. Auf Bitten Sibylla Augustas wird sie durch einen Kurier von ihrem Gemahl über die Geschehnisse im Feldlager wie auch von den militärischen Aktionen unterrichtet. Nach dem glorreichen Sieg des „Türkenlouis" im August 1691 erhofft sich das Paar gemeinsame Monate, vor allem das Weihnachtsfest sollte zusammen begangen werden. Ludwig Wilhelm wurde aber an den kaiserlichen Hof nach Wien beordert.

Wenige Tage nach dem Weihnachtsfest aber wird das Ehepaar in Schlackenwerth von einer Brandkatastrophe getroffen. Am 28. Dezember brennt der älteste Schlossteil, das sogenannte Schlick'sche Schloss, bis auf die Grundmauern ab. An seiner Stelle entsteht ein Pferdestall mit Wohnungen für die Bediensteten. Daneben entfaltet das markgräfliche Paar seit 1690 eine enorme Bautätigkeit. Das dreiflügelige Schloss im weißen Hof wird errichtet, das Gartenhaus wird baulich verändert und der Lustgarten nach französischem Vorbild neu angelegt. Die Markgräfin stiftet aus Dankbarkeit, die Stadt wurde beim Brand verschont, die Floriani-Kapelle im Klosterbezirk. Dort arbeitet übrigens schon der italienische Künstler Paolo Manni, der mehr als zehn Jahre später auch in Rastatt beim Schlossbau sein Können als begnadeter Deckenmaler beweisen kann.

„… dass ich eine solche Lieb für ihn hab"

Am Hof in Wien

Die Jahre der Trennung scheinen mit Beginn des Jahres 1692 zunächst vorbei. Das markgräfliche Paar entscheidet sich dafür, dass die Markgräfin am Hofleben in Wien teilnehmen solle, wenigstens solange wie Ludwig Wilhelm Feldherr im Südosten Europas ist. Am 29. Februar erreicht Sibylla Augusta Wien. Damit beginnen für die 16-jährige junge Frau abwechslungsreiche Lebensjahre, die ihr das bisher ungewohnte Hofleben näher bringen. Knappe fünf Monate verbringt sie unter dem Schutz des Kaisers am Hofe. Gefallen hat es ihr wenig, und so verlässt das Ehepaar gemeinsam Ende Juli 1692 Wien mit Ziel Raab an der Donau. Hier bleibt die junge Markgräfin, während Ludwig Wilhelm wieder sein Kommando übernimmt. Allerdings ist der Markgraf zur Untätigkeit verdammt. Aber das Ehepaar kann die folgenden Wochen mehr oder weniger gemeinsam verbringen. Nachdem die kaiserlichen Truppen das Winterquartier bezogen haben, reist das markgräfliche Paar erneut nach Wien und nach knapp einem Monat endlich wieder, so die Markgräfin, nach Hause in die böhmischen Herrschaften zurück.

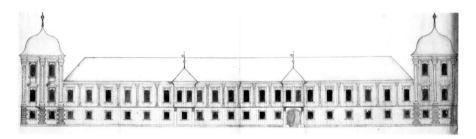

Das 1691 errichtete Weiße Schloss in Schlackenwerth diente Sibylla Augusta und Ludwig Wilhelm lange Jahre als Residenz.
Aufriss vom Westflügel des Weißen Schlosses, Zeichnung eines unbekannten böhmischen Baumeisters, nach 1691. © *Staatliche Kunsthalle Karlsruhe*

Für einige ruhige Monate kann sich das Paar wieder auf gemeinsame Tätigkeiten konzentrieren. Für das Jahr 1693 ist der Ankauf einer großen Anzahl von Gemälden belegt. In dieser Zeit zwischen Türkenkriegen und Sicherung der Reichsgrenze im Westen verweilt das Paar einige Wochen im ehrwürdigen Renaissanceschloss in Günzburg an der Donau. Ein Bild aus dieser Gemälde-Sammlung ist heute noch in der Kunsthalle von Karlsruhe nachzuweisen, und zwar das Bildnis eines Ehepaares von Nicolas Neufchâtel. Bald schon beginnen im Westen neue Kämpfe, die den Einsatz von Ludwig Wilhelm erfordern machen. Aus dem Schriftwechsel des Paares geht hervor, dass Sibylla Augusta immer an der Seite ihres Mannes bleibt. Prinz Eugen schreibt bewundernd an den Markgrafen: *„Meine Hochachtung, wenn ich bitten darf, an Madame. Sie ist sehr kühn, sich nicht vor dem Lärm der Waffen zu fürchten."*

Persönliche Schicksalsschläge

Das Weihnachtsfest 1693 kann das Paar endlich wieder zusammen verbringen. Das erste Kind, Prinz Leopold Wilhelm, kommt am 28. November 1694 zur Welt. Der Sohn wird aber nur ein knappes halbes Jahr alt und stirbt im Mai des darauffolgenden Jahres. Im August 1696 wird Prinzessin Charlotte auf Schloss Günzburg geboren. Das Mädchen stirbt im Jahr 1700, gerade einmal vier Jahre alt. Im Friedensjahr 1697 wird der Sohn Karl Joseph geboren. Aber auch er wird nur fünfeinhalb Jahre alt und stirbt in Schlackenwerth, wo er in der Gruftkapelle der Sachsen-Lauenburger bestattet wird.

Bis zum Beginn des Spanischen Erbfolgekrieges bleibt ein wenig Zeit, sich um den Besitz und die Herrschaft des Markgrafen zu kümmern. Der Markgraf lässt das Neue Schloss in Baden-Baden für einen Aufenthalt herrichten. Den Winter 1696/97 verbringt das markgräfliche Paar in Wien. Dort lernt der Markgraf den Architekten Domenico Egidio Rossi kennen, der 1697 mit dem Neubau eines Jagdschlosses in Rastatt beauftragt wird. Inwiefern diese Entscheidung vielleicht gemeinsam getroffen wurde, bleibt spekulativ. Für das weitere gemeinsame Leben und für Sibylla Augusta insbesondere hatte es aber eine entscheidende Bedeutung. Die Zeit der rastlosen Aufenthalte geht nun nach und nach vorbei. Rastatt wird 1699/1700 zum Sitz einer noch zu erbauenden Residenz bestimmt.

Leider wird Sibylla Augusta weiterhin von persönlichen Rückschlägen nicht verschont. Ihr Schicksal als Mutter bleibt vom Leid gekrönt. Im August 1699 wird in Nürnberg die Tochter Wilhelmine geboren, sie stirbt 1702. Auch die gemeinsame Tochter Luise, die 1701 ebenfalls in Nürnberg das Licht der Welt erblickt, erreicht nicht einmal das erste Lebensjahr. Das sechste Kind, Erbprinz

„… dass ich eine solche Lieb für ihn hab"

Von den neun Kindern des Markgrafenpaares erreichten nur drei das Erwachsenenalter. Wachsporträt der Markgräfin Sibylla Augusta mit ihren Kindern von Anna Maria Braun, um 1698/1707. © Badisches Landesmuseum Karlsruhe

Ludwig Georg, wird 1702 im Hause des Ettlinger Bürgermeisters Franz Caspar Schillinger geboren. Anlässlich der Niederkunft läuteten in Ettlingen alle Glocken. Neben den persönlichen Schicksalsschlägen, sechs ihrer neun Kinder sterben im Kindes- und Babyalter, erkennt und teilt Sibylla Augusta die Schwierigkeiten, denen ihr Mann gegenüber steht. Das Zusammenleben mit ihm wird nicht einfach gewesen sein, zumal Ludwig Wilhelm von schmerzhaften Gichtanfällen geplagt wurde. Klagen darüber von Sibylla Augusta sind nicht überliefert. 1703 wird Prinz Wilhelm Georg in einem Feldlager bei Aschaffenburg geboren, er stirbt 1709. Ebenfalls bei Aschaffenburg erblickt die Tochter Maria Johanna am 11. November 1704 das Licht der Welt. Auch ihr Schicksal wird tragisch enden.

Das letzte Kind, Prinz August Georg, wird im Januar 1706 in Rastatt geboren. Im Juli des gleichen Jahres bittet der Markgraf den Kaiser um Abgabe des Oberbefehls, damit er sich von seiner Oberschenkelverletzung und den Gichtanfällen erholen kann. Zu diesem Zeitpunkt hat das Paar Räume in dem noch nicht ganz fertig gestellten Schloss in Rastatt bezogen. Friedliche Monate verbleiben dem markgräflichen Paar dort nicht. Zu krank ist der Markgraf, sein Zustand bereitet nicht nur Sibylla Augusta große Sorge. Am 4. Januar 1707 stirbt Markgraf Ludwig Wilhelm. Fast auf den Tag genau waren 17 Jahre vergangen, an dem er Sibylla Augusta zum ersten Male gesehen und lieben gelernt hatte.

Erfolgreiche Abwehr

Ludwig Wilhelm von Baden als Oberkommandierender am Oberrhein

von Max Plassmann

Außerhalb seiner badischen Heimat wird das Andenken an den Markgrafen Ludwig Wilhelm von Baden wenig gepflegt, was vor allem an den Ereignissen der Jahre 1693 bis zu seinem Tod 1707 liegen mag, also an den Feldzügen gegen die Franzosen am Oberrhein unter seinem Kommando. Diese verliefen bekanntlich ohne großen triumphalen Schlachtensieg. Deshalb sahen spätere Historiker, aber auch schon Zeitgenossen einen alternden, passiven und zaudernden Feldherrn am Werk, der nicht mehr an seine großen Erfolge im Kampf gegen die Osmanen anknüpfen konnte. Die Geschichtsschreibung mochte sich daher vielfach lieber an den strahlenden „Türkenlouis" als an den Ludwig Wilhelm der späten Jahre erinnern.

Man sollte sich jedoch davor hüten, die Ereignisse mit Maßstäben zu beurteilen, die der Zeit um 1700 fremd waren. Die neuere Forschung hat so manche Korrektur an den überkommenen Urteilen anbringen können, indem sie stärker die damalige Perspektive berücksichtigte.

Wie lässt sich aber der Erfolg eines Feldherrn messen? Das 17. und 18. Jahrhundert zählte die Schlachtensiege, die eroberten Festungen, die eingebrachten Gefangenen, die Beute an Standarten und Kanonen. Das 19. nahm dann als Erfolgsmaßstab nationale Ziele hinzu. Heute gilt es jedoch zu fragen: Was wollte der Feldherr und was wollten die Kriegsherrn der Truppen eigentlich im Krieg erreichen? Haben sie ihre Ziele erreicht oder nicht?

Erfolgreiche Abwehr

Kürass und Sturmhaube von Ludwig Wilhelm. Auf dem Kürass ist der Orden vom Goldenen Vlies in feuervergoldeter Gravur aufgebracht. Der Abdruck auf der rechten Seite stammt von einer abgeprallten Musketenkugel, die Ludwig Wilhelm 1703 in einem Gefecht bei Vimbuch traf.
© Badisches Landesmuseum Karlsruhe

Die Unterscheidung zwischen Feld- und Kriegsherr ist für das späte 17. Jahrhundert bedeutend, denn noch gab es ja keinen deutschen Nationalstaat mit einer einheitlichen Armee. Das Heilige Römische Reich Deutscher Nation bemühte sich zwar, eine Reichsarmee aufzustellen. Doch dieses Bemühen scheiterte zu einem guten Teil an der Verfassungsstruktur des Reiches. Denn dieses setzte sich aus zahllosen einzelnen Reichsständen – Fürsten, Grafen, Bischöfen, Äbten, Reichsstädten – zusammen, die zwar nicht völlig souverän waren. Aber in der Praxis verhielten sich die meisten wie souveräne Staaten: Sie arbeiteten zusammen, wo es ihnen Vorteile brachte, aber sie waren nicht bereit, ihre Unabhängigkeit völlig zugunsten der übergeordneten Einheit aufzugeben.

Der Neunjährige Krieg

Als Frankreich daher im Jahr 1688 mit einem Angriff auf die Pfalz den Neunjährigen Krieg begann, um seine europäische Vorherrschaft zu sichern, traf es zunächst auf nur geringen Widerstand. Erst nach und nach sammelten sich auf deutscher Seite Truppen zu einer Reichsarmee, die allerdings nicht mit der einheitlich aufgestellten und zentral gelenkten französischen Armee zu vergleichen war. Die Reichsarmee ähnelte vielmehr einer Bündnisstreitmacht, zu der die einzelnen Entsender von Kontingenten freiwillig beitrugen – oder auch nicht. Denn die mächtigsten der deutschen Fürsten verfolgten eigene Ziele mit ihren Armeen und unterstellten sie daher ungern einer Reichsgewalt, während sich die vielen weniger mächtigen bei der kostspieligen Aufstellung von Truppen zurückhielten, weil sie nicht ohne Gefährdung ihrer wirtschaftlichen und damit auch politischen Existenz allzu viel Geld für militärische Zwecke ausgeben konnten. Wenn also keine unmittelbare Gefahr bestand, zogen es viele der Reichsstände vor, keine oder allenfalls geringe oder unzureichend ausgerüstete Verbände zur Reichsarmee zu stellen. Dies allerdings nicht aus einem verwerflichen Mangel an Nationalgefühl (das eine spätere Erscheinung ist), sondern vielfach aus einem ernstzunehmenden Verantwortungsgefühl heraus, nicht den wirtschaftlichen Ruin zu erleiden und damit die politische Unabhängigkeit zu verlieren. Das war aus Sicht vieler Zeitgenossen um so wichtiger, als in der zweiten Hälfte des 17. Jahrhunderts die Ausbildung einer modernen Staatlichkeit bei den größeren Ständen an Dynamik gewann und die kleinen so einem existenzbedrohenden Konkurrenzkampf unterworfen wurden.

Der deutsche Südwesten war in besonderem Maße von diesen kleinen und kleinsten Reichsständen geprägt. Selbst die badischen Markgrafschaften oder Württemberg konnten im deutschen und europäischen Rahmen kaum Gewicht für sich beanspruchen. Da der französische Angriff diese Region getroffen hatte und die Kriegszerstörungen mit der sogenannten „Zerstörung der Pfalz" von 1688/89 ein nie gekanntes Ausmaß angenommen hatten, trugen die meisten der südwestdeutschen Stände im eigenen Interesse zur Bildung einer Reichsarmee bei, indem sie ihre Verpflichtungen zur Stellung von Soldaten, Material und Geld so gut wie möglich erfüllten. Das primäre Kriegsziel war dabei die Sicherung der eigenen politischen und wirtschaftlichen Existenz. Dazu stellten vor allem die Reichskreise Franken und Schwaben, also die regionalen Zusammenschlüsse von Reichsständen, Truppen auf, die für eine Verteidigung gerade stark und gut genug ausgerüstet waren, die aber schon aus Mangel an entsprechendem Material für eine größere Offensive nicht einzusetzen waren.

Die Geschichtsschreibung früherer Zeiten suchte stets nach den großen Schlachten oder Belagerungen sowie den daraus hervorgehenden strahlenden Siegern und stellte diese in den Mittelpunkt ihrer Betrachtung. Solche Siege gab es jedoch am Oberrhein im Neunjährigen Krieg nicht, weil – das wurde oft verkannt – sie gar nicht angestrebt wurden. Selbst eine siegreiche Schlacht kostete im Normalfall schwere Verluste, die von den Reichsständen des Südwestens kaum ersetzt werden konnten. Umgekehrt konnte der Sieg aber niemals so umfassend sein, dass Frankreich mit einem Schlag besiegt wurde. Das heißt, auch nach einem Sieg würde der Krieg weiter gehen, dann aber aufgrund der erlittenen Verluste, die das große Frankreich viel leichter ausgleichen konnte, unter erschwerten Bedingungen. Unter diesen Umständen war es sinnvoll, so lange irgend möglich Schlachten zu vermeiden, es sei denn, es böte sich eine sehr gute Gelegenheit. So war der Krieg zwar nicht zu gewinnen. Aber da die eigentlichen Entscheidungen in den Niederlanden oder Italien ausgefochten wurden, war das auch gar nicht nötig. Entscheidend war, dass so der Krieg überlebt werden konnte, den andere ausfochten.

Wenn vor allem die Stände des Fränkischen und des Schwäbischen Kreises auf eine defensive Aufstellung achteten, so lag das daher nicht so sehr an einem ängstlichen Kleinmut oder an der Unfähigkeit des Feldherrn, sondern es handelte sich um die Umsetzung einer damals sinnvollen Überlebensstrategie kleiner und schwacher Stände in einem europäischen Krieg.

Doch eine solche Strategie der Passivität hatte auch ihren Preis. Zum einen konnte es so nicht gelingen, die Franzosen weiter nach Westen zu drängen und so den Kriegsschauplatz zu verlagern. Es bestand daher immer die Gefahr neuerlicher Verwüstungen. Und zum anderen waren die beiden Reichskreise alleine selbst für die Defensive zu schwach. Immer mussten der Kaiser sowie deutsche und europäische Verbündete zusätzliche Truppen an den Oberrhein entsenden, die die Verteidigung stärkten. Die Alliierten verfolgten aber oftmals ganz andere Kriegsziele als die Kreise und drangen auf entsprechende Operationen.

Die alliierte Armee am Oberrhein war daher in ihrer Zusammensetzung sowie den Zielen und Absichten der Entsender einzelner Kontingente sehr heterogen. Für den jeweiligen Oberkommandierenden war es daher nicht leicht, erfolgreich zu wirken. Es musste sich um eine Persönlichkeit handeln, die das Vertrauen des Kaisers und der Kreise Franken und Schwaben genoss und genügend Autorität hatte, um auch die Regimenter der übrigen Verbündeten sinnvoll einzubinden. Er musste auch ein fähiger Feldherr mit großer Erfahrung sein, der wusste, wie man mit den zahlreichen praktischen Schwierigkeiten fertig wurde, die durch Geld- und Ausrüstungsmängel, organisatorische Schwächen, unklare

Befehlsstrukturen und die große zahlenmäßige Überlegenheit der Franzosen verursacht wurden.

In den ersten Jahren des Krieges gelang es nicht, eine solche Persönlichkeit zu finden. Die Oberbefehlshaber am Oberrhein wechselten daher häufig, und man entging nur deshalb einer schweren Niederlage, weil die Franzosen ihrerseits an anderen Kriegsschauplätzen die Entscheidung suchten. Erst 1692 entfalteten sie wieder eine größere Aktivität, die zu einer schweren Niederlage der verbündeten Truppen führte. Nun bestand Gefahr, dass Frankreich im folgendenden Jahr Franken und Schwaben mit Übermacht dazu zwingen würde, aus dem Krieg aus-

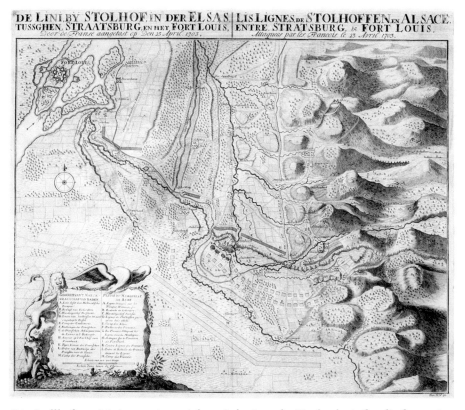

Die Stollhofener Linien erwiesen sich zu Lebzeiten des Türkenlouis für die französischen Truppen als unüberwindlich. Les Lignes de Stolhoffen en Alsace entre Stratsburg et Fort Louis. Ataques par les Français le 23 Avril 1703. Mit Einzeichnungen der Truppenstellungen. Kupferstich aus Dumont-Rousset: Histoire militaire du prince Eugène de Savoy ... Den Haag 1729. © *Kreisarchiv Rastatt*

zuscheiden. Dies war nicht nur für die betroffenen Kreise, sondern auch für ihre Verbündeten erschreckend, die dann weniger Chancen haben würden, den Krieg zu ihren Gunsten zu entscheiden.

Ludwig Wilhelm als Oberkommandierender

Daher bestand ein allseitiges Interesse daran, für 1693 sowohl hinsichtlich der Befehlsstruktur als auch hinsichtlich der Ausstattung der alliierten Oberrheinarmee Verbesserungen einzuführen, die mit der Benennung eines geeigneten Oberbefehlshabers beginnen mussten. Ein solcher war Markgraf Ludwig Wilhelm von Baden, der damals aufgrund seiner großen Erfolge im Kampf gegen die Osmanen nicht nur einen ausgezeichneten militärischen Ruf genoss, sondern auch das Vertrauen insbesondere des Schwäbischen Kreises, zu dem er als Markgraf von Baden-Baden gehörte. Ihm traute man zu, die erwartete französische Offensive aufzuhalten. So stimmte Kaiser Leopold I. Anfang 1693 zu, ihn das Kommando über alle alliierten Truppen am Oberrhein übernehmen zu lassen.

Die Kreise hatten sich zwar mehr Hilfe erhofft als nur den Markgrafen in Person, der von geringen kaiserlichen Truppen begleitet wurde. Aber immerhin: auch sie ergriff wegen des guten Rufes des Türkenlouis eine Aufbruchstimmung. Sie unterstellten ihm ihre Regimenter wesentlich freier als früheren Befehlshabern, und sie steigerten auch ihre finanziellen und materiellen Leistungen. Allerdings auch jetzt war seine Stellung noch unsicher. Sowohl die Kreise als auch der Kaiser und andere Verbündete behielten sich Mittel vor, im Konfliktfall seine Kommandogewalt wieder deutlich einzuschränken. Ludwig Wilhelms Stellung war daher keineswegs die eines unumschränkten Befehlshabers, sondern eher die eines Mittlers zwischen divergierenden Interessen, der aufgrund seiner Autorität und durch Überzeugung viel erreichen konnte, der aber beides schnell verlieren würde, wenn er sich zu weit von den Vorstellungen der verschiedenen Verbündeten entfernte.

Karte des oberrheinischen Kriegsschauplatzes: Carte Aller Lager an dem Rhein, so under Commando des durchl. Fürsten und Herrn Herrn Markggraff Ludwig Wilhelmen zu Baaden etc. Röm. Kaiserl. Maytt. General-Lieut. Etc. Zeitt wehren dem Krieg mit der Cronn Franckreich von Anno 1693 bis 1697 gemacht worden. Mit ausführlichen Texterklärungen. Von Etienne Brissaut. Bibliothekar der Universität Wien. 1735. © *Kreisarchiv Rastatt*

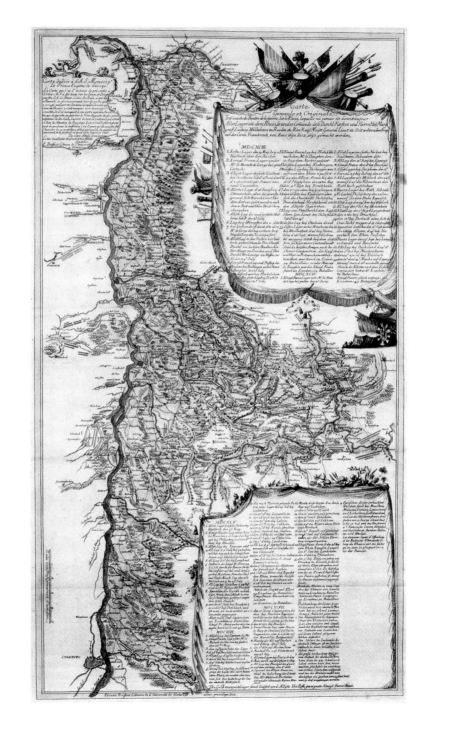

Erfolgreiche Abwehr

Sein Posten war daher bis zu einem gewissen Grade undankbar, war hier doch wenig Ruhm zu ernten. Er war auf der anderen Seite jedoch auch mit einer großen Verantwortung gerade für die kleinsten und schwächsten Reichsstände Südwestdeutschlands verbunden, auf deren Kosten jedes Scheitern gehen würde. Ludwig Wilhelm, obschon dem Ruhm nicht abgeneigt, nahm diese Verantwortung ernst. Bis zu seinem Tode 1707 scheute er keinen Konflikt, um die spezifischen Interessen seines Frontabschnitts zu wahren, wobei er nicht selten die eigene Person hintenanstellen musste. So schwer ihm das fiel: Hier liegt das große Verdienst seiner letzten Lebensjahre, denn er schuf die Grundlage für die letztlich erfolgreiche Abwehr der Franzosen am Oberrhein, die hier gerne das schwächste Glied aus der Kette ihrer Gegner herausgebrochen hätten.

Dazu bedurfte es nicht nur einer umsichtigen und vorsichtigen Anlage der Operationen, sondern auch einer umfassenden organisatorischen Tätigkeit. Die Truppen waren zum Teil schlecht und uneinheitlich ausgerüstet, es fehlte an Geld, Lebensmitteln, Gerät und Transportmitteln, und die tatsächliche Truppenstärke lag oft weit unter dem Soll. Hier war eine unermüdliche Detailarbeit der Mahnung, Ratschläge, Bitten und Befehle, des Erfindens von Aushilfen, der Verhandlungen mit Lieferanten, Geldgebern und Offizieren sowie der Regelung zahlreicher Kleinigkeiten gefragt. Dies anzugehen, erforderte eine umfangreiche militärische Erfahrung sowie den Willen, dies zu tun, obgleich es bisweilen mit der Würde eines regierenden Markgrafen schwer zu vereinbaren war.

Die hohen Erwartungen, die mancher an den neuen Oberbefehlshaber geknüpft hatte, wurden angesichts dieser Situation und angesichts der Tatsache, dass die Franzosen 1693 tatsächlich einen entscheidenden Schlag am Oberrhein auszuteilen gedachten, bald zunichte gemacht. Noch bevor die alliierte Armee ganz beisammen war, marschierte eine übermächtige französische über den Rhein. Überraschend schnell nahm sie Heidelberg ein und machte Anstalten, tief in den südwestdeutschen Raum vorzustoßen. Eine Wiederholung der Ereignisse von 1688/89 schien daher bevorzustehen. Ludwig Wilhelm hatte keine Möglichkeit, selbst die Initiative zu ergreifen, sondern er konnte nur mit seinen schwachen Kräften defensiv reagieren und hoffen, den französischen Vormarsch zu stoppen.

Das Rezept des Markgrafen in der Abwehr des weit überlegenen Gegners war jetzt wie in den folgenden Jahren ein kluger Kräfteeinsatz. Er scheute unnötige Risiken, aber bei günstiger Gelegenheit teilte er Streiche aus. Besonders bewährten sich dabei die leichten Truppen, deren Fechtweise er in Ungarn kennengelernt hatte und denen die Franzosen damals nichts Gleichwertiges entgegensetzen konnten. Sie erlitten daher laufend kleinere, aber in der Summe schwere Verluste durch ständige Angriffe auf kleinere Trupps abseits der Haupt-

Erfolgreiche Abwehr

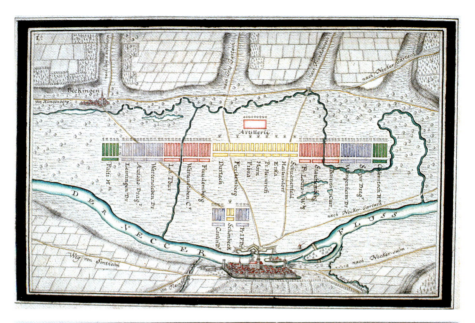

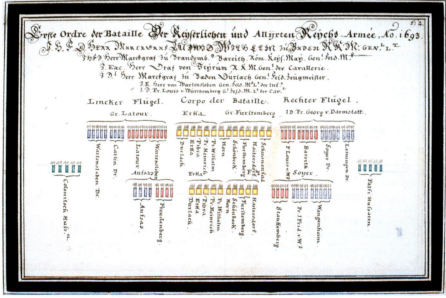

Mit dem verschanzten Lager bei Heilbronn zeigte sich Ludwig Wilhelm als Meister der Defensive. Kolorierter Plan über die Aufstellung der Truppen bei Heilbronn: Erste ordre de Bataille Der Kaiserlichen und Alliierten Reichs Armee, 1693.

© *Generallandesarchiv Karlsruhe*

armee, auf Versorgungskonvois und auf kleine Garnisonen. Die verbündete Armee verschanzte sich derweil wenn möglich an günstiger Stelle, so dass die Franzosen wegen der hohen zu erwartenden Verluste vor einem Angriff zurückschreckten. 1693 gelang das meisterhaft mit einem verschanzten Lager bei Heilbronn. Es war so gut gewählt und aufgebaut, dass die Franzosen unverrichteter Dinge wieder abzogen, weil sie erkannten oder zu erkennen glaubten, dass es unangreifbar war. So endete der Feldzug von 1693 mit einem Abwehrerfolg. Die Franzosen zogen sich auf den Rhein zurück und mussten den Versuch, in Südwestdeutschland eine Kriegsentscheidung zu erzwingen, zu den Akten nehmen.

Damit in Zukunft solche Angriffe weiter westlich abgewehrt werden konnten, begann Ludwig Wilhelm mit dem Ausbau eines Netzes verschanzter Linien vom Schwarzwald bis an den Odenwald. Diese wurden nach und nach errichtet und schützten schließlich große Landstriche sowohl gegen eine Invasion als auch gegen kleinere Streifscharen. Auch hier war kaum Ruhm zu ernten, denn die Linien wirkten ja durch Abschreckung, nicht durch einen Schlachtensieg. Aber sie waren ein probates Mittel, das Kriegsziel, den Erhalt der Existenz der Stände des Fränkischen und des Schwäbischen Kreises, zu erreichen.

Mit der Hauptarmee reagierte er in den folgenden Jahren auf Bedrohungen oder versuchte, wenn die gegenüberliegende Armee eine Schwäche zeigte, in kleinerem Umfang anzugreifen. 1696 griff er seinerseits an und versuchte, von Norden her in das Elsass vorzudringen. Doch auch die Franzosen hatten hier verschanzte Linien errichtet, die sich als unpassierbar erwiesen. Der Feldzug endete daher mit einem Rückzug. 1697 konnte der Markgraf erneut angreifen und eroberte die Ebernburg an der Nahe, die jedoch militärisch nur von lokaler Bedeutung war und deren Besitz am Kriegsausgang nichts änderte. Als die europäischen Mächte fast gleichzeitig Frieden schlossen, standen die südwestdeutschen Stände ohne vorzeigbare militärische Erfolge zwar politisch im Abseits, aber immerhin standen sie noch.

Der Oberrhein im Spanischen Erbfolgekrieg

Lange sollte der Frieden jedoch nicht währen. Schon 1702 begann der Spanische Erbfolgekrieg, im dem es erneut um die europäische Vormachtstellung ging. Diesmal kämpfte man in Südwestdeutschland gegen Frankreich und Bayern. Diese Bedrohung von zwei Seiten führte zu einer noch gefahrvolleren Situation als im vorherigen Krieg. Ludwig Wilhelm, der wieder die alliierte Oberrheinarmee führte, hatte zwar zu Kriegsbeginn das damals französische Landau erobern können, aber danach gelang kaum mehr, als die langgestreckten Fronten notdürftig zu halten. In der Schlacht bei Friedlingen im Oktober 1702 verhinderte er mit Mühe, dass französische Verstärkungen nach Bayern gelangten. 1703 war das nicht mehr möglich, und die Situation wurde kritisch.

Erst 1704 kam substanzielle Hilfe von den Verbündeten unter Marlborough und Prinz Eugen. Persönliche Verstimmungen zwischen diesen und dem menschlich bisweilen unbequemen Ludwig Wilhelm führten dazu, dass die entscheidende Schlacht bei Höchstädt ohne ihn ausgetragen und gewonnen wurde. Er hatte nur einen Anteil an dem zuvor errungenen vorbereitenden Sieg am Schellenberg bei Donauwörth. Der Feldzug von 1704 führte zu einer völligen Ausschaltung der bayerischen Bedrohung. Nunmehr erlahmten jedoch die überstrapazierten Kräfte der südwestdeutschen Stände, so dass der Sieg nicht für eine große Offensive ausgenutzt werden konnte.

Der Markgraf litt überdies nicht nur an einer nicht heilenden Verletzung am Bein aus der Schlacht am Schellenberg, sondern auch an zahlreichen inneren Erkrankungen. Nur noch zeitweise konnte er bis zu seinem Tod 1707 das Kommando selbst führen, und dann oft nur unter großen Schmerzen.

Dies war sicher ein Grund dafür, dass in diesen Jahren kaum mehr ein Erfolg gelang außer einem rein defensiven. Ein anderer war der vorherige Verbrauch der Kräfte der Kreise. Diese verdankten ihm jedoch viel, wie vor allem die Zeit nach seinem Tod zeigte: Es fand sich keine Persönlichkeit, die die Lücke ausfüllte. Schon 1707 erlitten die Verbündeten eine schwere Niederlage, und man war froh, das Kriegsende im Jahr 1713 zu erreichen.

Die oft gezogene scharfe Linie zwischen dem jugendlichen, erfolgreichen im Osten und dem erfolglosen, alternden Ludwig Wilhelm im Westen erweist sich bei näherem Hinsehen als trügerisch. Sicher ging mit zunehmendem Alter ein gewisses Draufgängertum zurück. Doch der Wandel in der Art der Kriegführung nach 1693 war nur zu einem geringem Teil einem Wandel der Persönlichkeit des Markgrafen zuzuschreiben. Er blieb vielmehr, was er vorher war: Ein Feldherr mit einem klaren Blick für das Machbare und das Mögliche, der die Art seiner Kriegführung den Verhältnissen und den Zielen anpasste und nicht umgekehrt. Gerade dadurch stellte er seine Feldherrnqualitäten unter Beweis: dass er dazu in der Lage war, in verschiedenen Umfeldern angemessen zu handeln. Sein Vorgehen im Osten und im Westen lassen sich so als zwei Seiten ein und derselben Persönlichkeit verstehen und nicht als Degenerationsprozess.

„Nichts Geringeres verfolgen"

Ludwig Wilhelms Bemühungen um eine Standeserhöhung

von Wolfgang Froese

Um 1660/63 ließ Markgraf Ferdinand Maximilian für seinen jungen Sohn Ludwig Wilhelm eine Medaille prägen. Diese zeigte auf der Rückseite einen Adler, dem ein kleinerer Adler folgt. Beide fliegen der Sonne entgegen, in der eine Krone leuchtet. Über dem Motiv steht die lateinische Devise *„Non Deteriora Sequendo [Nichts Geringeres verfolgen]"*. Die Medaille wird mit der 1661 erfolgten Bewerbung um den polnischen Königsthron in Verbindung gebracht, bei der das badische Fürstenhaus neben Ferdinand Maximilian und dessen Bruder Hermann auch den damals 6-jährigen Ludwig Wilhelm als Kandidaten präsentierte. Eine Standeserhöhung zu erreichen, gehörte zu den wichtigsten politischen Zielen des Hauses Baden(-Baden), und Ferdinand Maximilian legte bei der Erziehung besonderen Wert darauf, seinem Sohn die Bedeutung und die Berechtigung dieses Zieles immer wieder vor Augen zu führen.

Das Streben der Fürsten nach Rangerhöhungen war eine allgemeine Zeiterscheinung, die mit der politischen Struktur des Reiches seit dem Westfälischen Frieden und der Entfaltung des Absolutismus in Zusammenhang steht. Die badische Markgrafenfamilie hatte darüberhinaus allerdings ein spezielles Motiv, das sich aus der Geschichte der eigenen Dynastie ergab: Ihr Geschlecht ging auf die Zähringer zurück, die im hohen Mittelalter den Herzogstitel geführt hatten und zur Zeit ihrer größten Blüte weite Teile Südwestdeutschlands und der Schweiz

"*Nichts Geringeres verfolgen*"

Mit seiner militärischen Karriere verfolgte Ludwig Wilhelm zugleich das Ziel einer Standeserhöhung. Das Porträt zeigt ihn als kaiserlichen Generalleutnant auf dem Höhepunkt seiner militärischen Laufbahn. Ölgemälde eines unbekannten Malers, Ende des 17. Jahrhunderts. © *Badisches Landesmuseum Karlsruhe*

beherrscht hatten. Diese *„alte Glori"* wieder zum Strahlen zu bringen, welche nach Ferdinand Maximilians Urteil *„über alle die Massen liederliche, nach nichts Hohem trachtende"* Vorfahren verdunkelt hatten, galt das besondere Bemühen der Familie. Mit der 1664 durch Kaiser Leopold erfolgten Verleihung des Titels „Durchlaucht", der im Allgemeinen nur Kurfürsten zustand, konnte das badische Fürstenhaus auf diesem Feld bereits einen wichtigen Prestigegewinn verzeichnen.

Das vom Vater vermittelte Bewusstsein, *„einem der eltesten heiseren in Deihtchsland"* anzugehören, verband sich bei Ludwig Wilhelm mit einem überaus großen persönlichen Ehrgeiz, der den vorgegebenen Rahmen eines kleinen deutschen Fürstentums sprengte. Der spätere Türkenlouis war maßlos von sich selbst überzeugt. Die kritische Bemerkung des französischen Marschalls Villars aus dem Jahre 1687, dass der *„Eigendünkel"* den Prinzen von Baden zu verziehen drohe, hatte ohne Zweifel ihre Berechtigung. Dieser Charakterzug steigerte Ludwig Wilhelms Drang nach einer Standeserhöhung; zugleich schadete er sich damit allerdings selbst, weil er sich durch sein undiplomatisches Auftreten das Wohlwollen des Kaisers verscherzte.

Militärische Karriere und Heirat im Dienste der Standeserhöhung

Unter dem Einfluss seines Onkels Markgraf Hermann traf Ludwig Wilhelm schon 1676 die Grundsatzentscheidung, der militärischen Karriere im Dienste des Kaisers den Vorrang gegenüber seiner Rolle als Landesherr zu geben. Der noch vor seinem Regierungsantritt gefasste Entschluss resultierte unmittelbar aus dem Ziel, für sich und sein Haus eine Standeserhöhung zu erreichen. Bereits das Prädikat „Durchlaucht" hatten sich die badischen Markgrafen durch ihre *„sonderbahre Trew und ansentlich gehorsambister Diensten"* für Kaiser, Reich und Erzhaus Österreich erworben, wobei in der Verleihungsurkunde die Dienste *„bei denen vorgewesten Kriegen"* besonders hervorgehoben worden waren. So schien der Weg vorgezeichnet, auf dem Ludwig Wilhelm der Erfüllung seiner Wünsche näher zu kommen glaubte.

Es war nur konsequent, dass der Markgraf sich auch 1688 für den Verbleib in Ungarn entschied, anstatt die bedrohte Heimat gegen die französischen Angriffe zu verteidigen. Als Oberkommandierender gegen die Türken war mehr Ruhm zu ernten als am Oberrhein, wo er sich damals noch der Befehlsgewalt ranghöherer Reichsfürsten hätte unterordnen müssen. Zudem konnte Ludwig Wilhelm davon ausgehen, dass dem Kaiser ein Erfolg auf dem Balkan besonders wichtig war; hier lag für den Badener die Chance, das Oberhaupt des Reiches zur Dankbarkeit zu verpflichten. Die Ernennung des Markgrafen zum Generalleutnant zwei Jahre später und die wohlwollende kaiserliche Unterstützung bei der Anbahnung der Ehe mit Sibylla Augusta von Sachsen-Lauenburg zeigen, dass diese Überlegungen nicht von vornherein abwegig waren.

Neben dem militärischen Dienst für Kaiser und Reich galt eine kluge Heirat als Mittel erster Wahl, um rangmäßig aufzusteigen. Bereits 1683 hatte die badische Seite Kontakte zum Pfalzgrafen von Pfalz-Neuburg geknüpft, der vier ledige Töchter im heiratsfähigen Alter besaß. Für eine Verbindung mit Pfalz-Neuburg sprach insbesondere, dass das Haus nächster Anwärter auf die pfälzische Kurwürde war, falls die regierende Linie Pfalz-Simmern – wie sich bereits abzeichnete – aussterben sollte. Letztlich verliefen die Verhandlungen jedoch im Sande.

Nach mehreren weiteren, ergebnislosen Sondierungen konzentrierten sich die badischen Bemühungen schließlich auf die Töchter des Herzogs Julius Franz von Sachsen-Lauenburg. Der Lauenburger besaß seit 1671 das persönliche Privileg, die Kurschwerter in seinem Wappen zu führen. Da er keine Söhne hatte, waren seine Töchter als mögliche Erbinnen des Herzogtums besonders begehrt. Die Aussicht, über die Heirat von Sibylla Augusta zumindest den Herzogtitel zu erlangen, wurde allerdings durch das schnelle Eingreifen des Herzogs Georg Wilhelm von Lüneburg-Celle zunichte gemacht, der Sachsen-Lauenburg nach dem Tode von Julius Franz im Oktober 1689 militärisch besetzte und damit vollendete Tatsachen schuf. Auch wenn sich Kaiser Leopold zeit seines Lebens weigerte, den Lüneburger Herzog mit Lauenburg förmlich zu belehnen, tat er doch andererseits auch nichts, um Georg Wilhelm zur Preisgabe des Landes zu zwingen. So half es Ludwig Wilhelm wenig, dass Leopold ihm noch im Juli 1690 die Belehnung mit dem Herzogtum in Aussicht stellte, sofern das Lehen an das Reich zurückgezogen werden könne.

Vergebliche Hoffnung auf die Kurwürde

Das war eine Erfahrung, die Ludwig Wilhelm auch später noch machen musste. Kaiser Leopold war zwar bereit, seinem Feldherrn die eine oder andere Gunst zu erweisen, aber nur insoweit, wie nicht wichtigere Interessen entgegen standen. Die kleine Markgrafschaft Baden-Baden und ihr ehrgeiziger Fürst spielten in den Überlegungen des Kaisers naturgemäß eine geringere Rolle als die größeren deutschen Staaten. Ludwig Wilhelm war eben nur Herr eines wenig bedeutenden Landes mit geringen Ressourcen, das politisch oder gar militärisch kaum etwas in die Waagschale werfen konnte.

An diesen machtpolitischen Realitäten zerbrach letztlich auch der lange gehegte Traum der baden-badischen Dynastie, in den illustren Kreis der Kurfürsten

Die Markgrafschaft Baden-Baden zählte zu den kleineren Territorien des Reiches. Sueviae nova tabula. Süddeutschland mit der Markgrafschaft Baden-Baden von Wilhelm Blaeuw. Amsterdam, um 1630. © *Kreisarchiv Rastatt*

aufgenommen zu werden. Der Markgraf gehörte – anders als etwa der benachbarte Herzog von Württemberg – nicht einmal zu den „armierten" Ständen, die über eigene stehende Truppen verfügten. Es fehlte Ludwig Wilhelm damit an dem nötigen „politischen Eigengewicht" (Christian Greiner), um gegebenenfalls auf den Kaiser wirkungsvoll Druck ausüben zu können. So kam für den Hof in Wien die ersehnte Verleihung der Kurwürde an Baden-Baden nie ernsthaft in Betracht.

Leopold hätte sich mit einem solchen Schritt nur Ärger eingehandelt, dem keinerlei substanziellen Vorteile gegenübergestanden hätten. Neben weiteren Argumenten sprach auch die Existenz einer zweiten badischen Linie – der evangelischen Markgrafen in Durlach – gegen eine einseitige Begünstigung des baden-badischen Familienzweiges. Sie hätte das während des Dreißigjährigen Krieges mühsam austarierte Gleichgewicht zwischen den beiden Häusern wieder ins Wanken gebracht.

Die Verleihung der Kurwürde anzubieten, behielt sich Leopold zur Gewinnung eines mächtigeren Bundesgenossen vor. 1692 wurde dem Herzog Ernst August von Hannover diese Ehre zuteil. Dieser hatte sich zwar bislang nicht – wie Ludwig Wilhelm – um Kaiser und Reich besondere Verdienste erworben, aber er konnte mit der kostenlosen Stellung von Truppen für den Kaiser locken oder widrigenfalls einem Bündnis mit Frankreich drohen. Für den badischen Markgrafen war die Entscheidung Leopolds eine schwere doppelte Enttäuschung. Nicht nur fühlte er sich selbst als Anwärter mit vermeintlich älteren Rechten übergangen, mit Celle-Lüneburg hielt zudem auch noch ausgerechnet eine Linie des Hauses Hannover das von ihm beanspruchte Herzogtum Lauenburg besetzt.

Der sich tief gekränkt fühlende Markgraf gehörte daraufhin zu den treibenden Kräften einer Fürstenopposition, die sich gegen die Standeserhöhung des Hauses Hannover wandte. Diese Haltung war zwar menschlich verständlich, aber politisch wenig klug. Denn der Kaiser, der Ludwig Wilhelm weniger als souveränen Reichsfürsten denn als seinen ihm verpflichteten Generalleutnant ansah, erblickte darin einen Akt des Ungehorsams und begegnete dem Markgrafen künftig mit Misstrauen. Das kostete den Badener die mögliche Unterstützung des Wiener Hofes bei seinem letzten großen Versuch, seinen Rang zu erhöhen – 1697 bei der polnischen Königswahl.

Kandidatur für den polnischen Königsthron

Ludwig Wilhelm war bereits 1661 und 1674 als Kandidat für die polnische Königskrone genannt worden, doch gehörte er damals zu den völlig chancenlosen Außenseitern. Bei der Wahl 1697 galten seine Aussichten dagegen nicht von vornherein als schlecht. Was ihn empfahl, waren vor allen Dingen seine Siege im Kampf gegen das Osmanische Reich, das auch für Polen einen Hauptgegner darstellte. Ludwig Wilhelm konnte zudem darauf verweisen, dass er 1683 Waffenbruder des polnischen Königs Johann Sobieski beim Entsatz von Wien gewesen war. Diese beiden Argumente bewogen den polnischen Krongroßschatzmeister Hieronymus Lubomirski im Vorfeld der Wahl zu dem Vorschlag, sich lediglich zwischen Ludwig Wilhelm und dem französischen Kandidaten, dem Prinzen Conti, zu entscheiden.

Tatkräftig unterstützt wurde Ludwig Wilhelm vor allem durch den Kurfürsten Friedrich III. von Brandenburg, ja es scheint, dass erst das Engagement des Brandenburgers den Markgrafen bewog, seine Kandidatur ernsthaft zu betreiben. Friedrich hielt den Türkenlouis nicht nur für *„den würdigsten, capablsten und anständigsten [...], die pollnische Krohn zu tragen"*, er schätzte ihn auch als einen

Fürsten ein, der der polnischen *„Nation interesse gewis nicht der convenienz der Kayserlichen oder der crohn Frankreichs nachsetzen werde".* Das Lob für die Unabhängigkeit des Kandidaten war allerdings nicht gerade eine Empfehlung an den Kaiser, sich für Ludwig Wilhelm zu verwenden.

Was dem Markgrafen zuvorderst für eine erfolgreichen Wahlkampf fehlte, war Geld. Es war üblich, Stimmen zu kaufen, und in der Finanzkraft war ihm der Prince de Conti weit überlegen. Während dieser durch den französischen Gesandten freihändig Geschenke verteilen und Millionenbeträge zusagen ließ, wäre es Ludwig Wilhelm schwer gefallen, auch nur die für den Fall seiner Wahl versprochene Summe von 200.000 Gulden aufzubringen, die er dann nochmals verdoppelte. Weil er aus der zerstörten Markgrafschaft kaum Einkünfte bezog, bot er als Sicherheit den böhmischen Besitz seiner Frau und die Verpfändung seines Gehalts als Generalleutnant an.

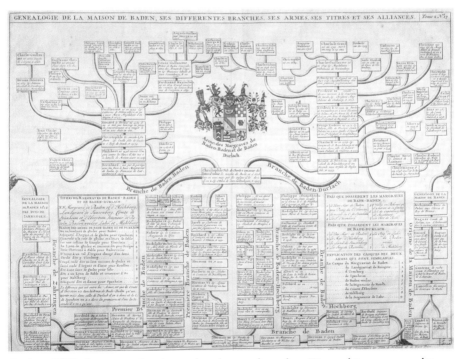

Ludwig Wilhelm war stolz, einem der ältesten deutschen Fürstenhäuser anzugehören. Genealogie de la Maison Baden. Ses differentes Branches, ses Armes, ses Titres et ses Alliances. Um 1710. © *Kreisarchiv Rastatt*

Erst spät, zu spät, suchte Ludwig Wilhelm auch die Unterstützung des Kaisers zu gewinnen. Doch am Wiener Hof zeigte man ihm die kalte Schulter. Leopold verübelte seinem höchsten Offizier, dass er ihn nicht früher von seinen Plänen unterrichtet, sondern sich stattdessen von Brandenburg habe protegieren lassen. Der Kaiser hatte nach den Erfahrungen der vergangenen Jahre kein Vertrauen in die Loyalität des Markgrafen. Auch wenn er ihm die Krone angesichts seiner Verdienste *„gerne gönnen"* würde, war Leopold nicht bereit, sich für die badische Kandidatur einzusetzen.

Das war im Falle Augusts des Starken anders, der erst wenige Wochen vor der Wahl als überraschender neuer Kandidat das Rennen aufnahm. Der Kurfürst von Sachsen, bislang Haupt der evangelischen Reichsfürsten, trat kurz vor dem angesetzten Wahltermin in Wien zur katholischen Kirche über, um König von Polen werden zu können. Er verfügte nicht nur über die nötigen finanziellen Ressourcen, sondern wurde unter der Hand auch vom Kaiser empfohlen.

Der polnische Wahlreichstag am 25. und 26. Juni 1697 endete mit einer Doppelwahl. Sowohl Prinz Conti als auch August der Starke wurden von ihren Anhängern zum König ausgerufen. Diese Pattsituation schien Ludwig Wilhelm, dessen Name nicht einmal mehr auf den offiziellen Wahllisten gestanden hatte, noch einmal eine Chance als Kompromisskandidat zu eröffnen. Das schnelle und entschlossene Handeln Augusts der Starken machte diese Möglichkeit jedoch bald zunichte. Während Prinz Conti und Ludwig Wilhelm noch weitab vom Zentrum des Geschehens weilten, zog der Kurfürst von der sächsischen Grenze mit einer Armee nach Krakau, wo er unter dem Jubel der Bevölkerung einzog und am 15. September 1697 zum König von Polen gekrönt wurde. Ludwig Wilhelm stand wieder einmal mit leeren Händen da.

So endete die jahrzehntelange badische Strategie, dem Kaiser treu zu dienen und dafür Dankbarkeit in Form einer Standeserhöhung zu ernten, in Missmut und Frustration. 1699 schrieb Ludwig Wilhelm von seinem Schmerz, zu sehen, *„daß alle Churfürsten des reichs unter Ihro Kay. May. Glorwürdigsten Regierung gewachsen, Ihre Häuser vergrößert und sich bereichert, Ich hingegen Main hauß in Ihro Kay. May. Diensten ruiniret und destruirt, auch Landt und Leuth abbrennen lassen"*. Die Verbitterung ist angesichts der Kluft zwischen Erwartung und Ergebnis begreiflich, wird aber dem Verhalten Leopolds nicht gerecht. Das Haus Baden und Ludwig Wilhelm verlangten dem Kaiser mehr ab, als dieser vernünftigerweise geben konnte. Die beiderseitige Entfremdung, die daraus erwuchs, gereichte insbesondere dem Markgrafen zum Schaden. Es gehört zur Tragik seines Lebens, dass er an einem Ziel scheiterte, das zu hoch gesteckt war.

Rastatt soll Residenz werden

Zur Entstehungsgeschichte von Stadt und Schloss

von Martin Walter

Markgraf Ludwig Wilhelm beschließt an der Wende vom 17. zum 18. Jahrhundert von Schlackenwerth aus, eine Residenz zu errichten – und dies in Rastatt. Rastatt selbst existierte schon früher, es handelte sich ursprünglich um ein Dorf, seit dem frühen 15. Jahrhundert besaß Rastatt den Status eines Marktfleckens. Kaiser Ruprecht verlieh dem Ort auf St. Gallentag (16. Oktober) 1404 das Recht, allwöchentlich Markt zu halten und dies von Mittwoch bis Donnerstag Abend. Eine Stadt war Rastatt freilich nicht, diese Funktionen erfüllten (Baden-Baden einmal außer acht lassend) Städte in der Umgebung wie Kuppenheim, Stollhofen oder Lichtenau, wobei man von Lichtenau heute nicht mehr glauben möchte, dass sich dort einmal eine bewehrte Stadt mit Türmen, Stadtmauer und einer Tiefburg befunden hat. Die genannten Städte zählten schon immer zu den kleineren Städten der Markgrafen von Baden.

Rüdiger Stenzel urteilt über Kuppenheim, dass es gewiß „eine der vornehmsten Städte" gewesen sei. Im Vergleich zur Größe des Städtchens verfügte Kuppenheim über eine stattliche Stadtbefestigung, deren Reste auch noch heute die einstmals vorhandene militärische Bedeutung zu erkennen geben. Mit dem Übergang der Stadt von den Ebersteinern an Baden 1281 verlor auch das Kuppenheimer Schloss seine Bedeutung. Parallel dazu wurde der Markt in Rastatt immer wichtiger für die Region. 1689 wurde das Dorf Rastatt, wie viele andere badische Städte und Gemeinden am Rhein durch französische Truppen vollkommen zerstört. In etwa erstreckte sich das ursprüngliche Dorf Rastatt im Bereich der heutigen Herrenstraße. Auch hat sich ein Amtshof, Landgut oder ein kleines Schloss, das die Markgrafen von Baden-Baden besessen haben, in Rastatt befunden. Ein einziges Relikt aus jenen Tagen ist in Form des Chores der Kirche St. Bernhard erhalten geblieben.

Domenico Egidio Rossi und sein Anteil an Stadt und Schloss

Bereits 1697 gelangte ein bisher in Süddeutschland unbekannter Architekt in badische Dienste und wurde mit dem Bau eines Jagdschlosses in Rastatt beauftragt. Ludwig Wilhelm hatte sich im Rahmen der Realisierung dieses Bauprojektes für einen italienischen Architekten entschieden und in Domenico Egidio Rossi seinen Wunschkandidaten gefunden. Rossi ging dann auch mit seinem südländischen Temperament ans Werk.

Rossi war erst über das kaiserliche Wien nach Deutschland gekommen. Dort hatte ihn Ludwig Wilhelm kennen und seine Arbeit schätzen gelernt. Rasch erweiterte sich Rossis Aufgabenbereich. So entstanden unter seiner Ägide Entwürfe zum Franziskanerkloster, in dessen Gründungsurkunde der italienische Baumeister genannt wird. Rossi war zudem mit der Erstellung des bei Ettlingen liegenden Lustschlosses Scheibenhardt beschäftigt, das in jenen Tagen kurz vor der Vollendung stand und mit Beschleunigung abgeschlossen werden sollte. Bereits im Dezember 1697 (oder früher) hatte Ludwig Wilhelm den Plan gefasst, den dortigen ehemaligen Meiereihof in ein Lustschloss zu verwandeln. Doch erst im Februar ist in der Korrespondenz zwischen dem Markgrafen und Rossi davon die Rede; der Markgraf schreibt am 28. Februar 1698: *„In dem Übrigen erwardte die Riß von Rastatt und Scheibenhardt mit großem Verlangen ..."*. Rossi selbst wird in den archivischen Unterlagen am 12.4.1707 zum letzten Male erwähnt. Die Markgräfin kündigte nach dem Tode ihres Mannes das Dienstverhältnis mit Rossi auf. Nachfolger wurde der junge böhmische Architekt Johann Michael Rohrer, dessen erste Aufgabe aus Instandsetzungs- und Umbauarbeiten am Schloss bestand.

Wiederaufbau der Stadt Rastatt

Im März des Jahres 1699 übersandte Domenico Egidio Rossi eine Anzahl von Bauplänen von Scheibenhardt und Rastatt an den baden-badischen Markgrafen, darunter auch einen *„di tutta la nuova Citta"*, übersetzt: von der ganzen neuen Stadt. Damit hören wir zum ersten Male von dem Projekt zum Wiederaufbau des Ortes Rastatt. Privilegien zum Bau neuer Modell-Häuser gibt es schon sehr früh: vom 16.8.1698, 3.12.1699, 4.11.1700 und 5.12.1701. Damit ist aber nur belegt, dass man den Rastattern bestimmte Regeln und Vorgaben für den Bau neuer Häuser auferlegte und zur Pflicht machte, nicht aber, dass gebaut und in welchem Umfang gebaut wurde. Von den geplanten Modellhäusern dürfte zu dieser Zeit nur wenig bestanden haben. Zumal sich der nächste Krieg mit Frankreich – der spanische Erbfolgekrieg – gerade abzeichnete und Ludwig Wilhelm die Festungsarbeiten zur Sicherung der Stadt vorantrieb. Mit dem Gedanken der Residenzgründung auf dem flachen Land, gemäß dem Vorbild des französischen Sonnenkönigs Louis XIV., dürfte Ludwig Wilhelm schon früh gespielt haben. Als besonders interessant ist der Hinweis zu werten, dass Rastatt mit dem Begriff „Residenz" in Verbindung gebracht wird: „... *Rastatt, allwo Unsere Residenz, und respective Jagdhauß seyn werden ...*"

Die erste Lieferung von Bauholz erfolgte 1699. Damit wird auch die in der Literatur herrschende Meinung widerlegt, daß der älteste Profanbau in Rastatt

Mit der Verlagerung der Residenz in die freie Ebene folgte Ludwig Wilhelm dem Beispiel Ludwigs XIV. Gartenseite des Barockschlosses Rastatt. Foto M. Walter.
© *Kreisarchiv Rastatt*

bereits aus dem Jahr 1698 stammen könnte. Auch schien man sich vor dem Jahr 1700 noch nicht restlos sicher zu sein, wie die Anlage der Stadt auszusehen hatte.

Rossi unternahm zwischen dem 15.12.1699 und dem 4.2.1700 eine Reise nach Schlackenwerth, zum damaligen Aufenthaltsort der markgräflichen Familie. Dort wurde ihm dann der Entschluss mitgeteilt, dass der schon zwei Jahre zuvor begonnene Bau des Jagdschlosses (heute in etwa der Mittelteil des Corps de Logis) sofort abzubrechen sei und dass die Errichtung eines Residenzschlosses in Angriff genommen werden solle. Erst ab Februar 1700 wird allen Beteiligten ersichtlich, dass der Markgraf die Anlage einer planmäßigen Stadt vorsah. Vorher dachte man lediglich an ein normales, offenes Dorf, versehen mit einem Jagdschloss.

Die ersten Tage der Stadt Rastatt

In Rastatt selbst wurde 1701 ein erneuter Vorstoß zum Aufbau der Modellstadt unternommen. Im Rahmen des Selbstverständnisses eines absolutistischen Herrschers, der Ludwig Wilhelm zweifelsohne war, war es eine Pflichtaufgabe, dass bei Fertigstellung des Residenzschlosses auch die Stadt sich in einem „würdigen" Zustand befinden musste. Und mit den neuen Modellhäusern in der Stadt scheint es in jenen frühen Tagen der Stadtwerdung nicht weit her gewesen zu sein. Außer den von Rossi direkt betriebenen herrschaftlichen Bauten, dem Brauhaus, den Kasernen, waren keine Baumaßnahmen realisiert worden. Nicht einmal die neuen regulierten Straßenfluchten waren abgesteckt, da die Rastatter ihre Hütten nicht abbrachen. Der Markgraf befahl im April 1701 energisch einzuschreiten: „*… daß sie [die neuen Modellhäuser, M.W.] angefangen werden möchten, damit bey meiner Hinaußkunft diejenige Bediente, welche [ich] nothwendig bei mir haben muß, wenigstens logirt werden khönnen …*"

Der Aufruf an die Rastatter Bürger, ihre Häuser doch rasch nach dem vorgegebenen Modell wiederaufzubauen, geschah nicht uneigennützig. Ludwig Wilhelm benötigte Platz für sein Hofpersonal, das nicht nur im Schloß logieren, sondern auch in den Privathäusern seiner „Untertanen" untergebracht werden sollte. Eine durchaus übliche Vorgehensweise eines absolutistischen Herrschers.

Italienische Einflüsse auf die Architektur des Rastatter Schlosses

Die Lösung, die Rossi dem Markgrafen für die Anlage des Jagdschlosses anbot, war von der Wiener Architektur geprägt, ging in ihren Grundlagen noch weiter auf "italienische Villenbauten zurück und berücksichtigte hier vor allem Gestaltungsprinzipien wie sie der große italienische Baumeister Andrea Palladio [eigentlich: Andrea di Petro, 1508 bis 1580] bereits erschaffen hatte." Die Art und Weise, wie Rossi gestalterisch in seinen Planentwürfen tätig wird, basiert auf einer Mischung von italienischen und österreichischen Stilelementen. Die ovale Freitreppe mit der Säulenvorhalle, die Betonung der Risalite durch Kolossalpilaster, die offenen Dachpavillons und schließlich die krönende Statuengalerie, die die Horizontale des ursprünglichen flachen italienischen Daches verschleiert.

Künstler und Handwerker erbauen Schloss und Stadt

Schon 1931 machte einer der versiertesten und fleißigsten Forscher der Regionalgeschichte, der Rastatter Lyceumsprofessor Hermann Kraemer, die Herkunft und die Geschichte der Bevölkerung Rastatts zum Thema einer Arbeit, die in der Publikationsreihe „Die Ortenau" veröffentlicht wurde. „Wohl werde", so schreibt Kraemer, „überliefert, daß ‚Hunderte' von Arbeitern und Meistern italienischer Nationalität hier Beschäftigung fanden; sie scheinen aber größtenteils ledigen Standes gewesen zu sein, weil in den Kirchenbüchern nur verhältnismäßig wenige Einträge nach dieser Richtung enthalten sind." Dies bedeutet, dass die Masse der Italiener, wenn nicht alle, nach Beendigung der Rastatter Schlossbauarbeiten neue Auftraggeber gesucht hat oder nach Italien zurückgekehrt ist.

Rossi und seine „Balliere" – Die Bauleitung fest in italienischer Hand:
Giovanni Mazza

Es herrschte offensichtlich ein Mangel an Arbeitskräften und damit verbunden ein Mangel an Facharbeitern. Aus seiner Heimat brachte Rossi Fachleute mit, darunter seinen Ober-Pallier Giovanni Mazza. Mazza setzte die Planungen Rossis in die Tat um und übernahm die Rolle des bauausführenden Architekten. Aller Wahrscheinlichkeit nach hat er diese Aufgabe so gut bewerkstelligt, dass er von dem Markgrafen Friedrich Magnus von Baden-Durlach die Bauleitung für die Karlsburg in Durlach angetragen bekam. Dadurch vereinfachte sich Rossis Lage beim Bau des Rastatter Schlosses nicht, so dass er sich am 8. Dezember 1698 veranlasst sah, bei Friedrich Magnus (von Baden-Durlach) eine Beschwerde einzureichen, dass er infolge der andauernden Abwesenheit Mazzas mit Arbeit geradezu überhäuft sei. So hat er für seine 100 Arbeiter keinen Oberpallier. Rossi selbst erarbeitete neben den Rastatter (Jagd-)Schloss-Plänen auch Pläne für den Neubau der Karlsburg im benachbarten Durlach. Der baden-durlachische Markgraf Friedrich Magnus nahm mit Rossi bereits im April 1698, wenige Wochen nach Arbeitsbeginn in Rastatt, Kontakt auf und bereits im Juni wurden feste vertragliche Vereinbarungen geschlossen.

Giovanni Mazza siedelte nach der Übernahme der Bauleitung der Karlsburg sehr bald nach Durlach über. Da Rossi dadurch mit seinen Arbeiten im badenbadischen Rastatt in Rückstand geriet, muss er einen Nachfolger besorgt haben.

Italiener als Architekten der neuen Barockstadt Rastatt:
„Ober-Pallier" Lorenzo di Sale

Am 26. Juni 1700 wird Lorenzo di Sale erwähnt. Er wird als *„bey der Hochfürstliche-Markgräflich Badischen Residens zu Rastatt Ober-Ballier"*, dann auch *„Italus Architectus Secundiarius Aulicus"* genannt, und ist in den Jahren nach 1700 (zuletzt nachweisbar im April 1704) mit weiteren Mitgliedern seiner Familie in Rastatt ansässig gewesen. Lorenzo di Sale war maßgeblich am Bau des Franziskaner-Klosters beteiligt. Die Grundsteinlegung fand am 4. Juli 1702 im Beisein des Speyerer Weihbischofs Petrus Cornelius von Bayweck und Baron Caesar von Pflugh, dieser als Vertreter des Markgrafen, statt. Italienische Arbeiter, die mit

Der Mittelbau des Schlosses Rastatt wird von einem Jupiter bekrönt, der seine Blitze gen Westen schleudert.
Barockschloss Rastatt,
Mittelbau mit Jupiter.
Foto: M. Walter.
© Kreisarchiv Rastatt

der Bauweise italienischer Architekten bestens vertraut waren, wurden in Rastatt in nicht unbedeutender Anzahl beschäftigt.

Die Materiallieferanten – die Backsteinbrenner

Im Zuge des Schlossbaues waren seit 1698 Backsteinbrenner in Rastatt anwesend, denn Backsteine wurden in großer Zahl für die projektierten Neubauten benötigt. Diese Backsteinbrenner übten für den Bau des Schlosses eine denkbar wichtige Funktion aus, denn das Schloss „ist ein reiner Ziegelbau, eine Neuheit in dem bisher von Bruchsteinmauern und von Fachwerkkonstruktionen geprägten Gebiet." Zur Herstellung dieser Ziegel wurden vor allem in Förch Feldziegeleien eingerichtet. Erst durch die Verwendung von diesen Ziegelsteinen, die nach dem „Wiener Maß" gefertigt wurden, konnte das vorgegebene rasche Bautempo eingehalten werden. 1698 schlossen die Rastatter Backsteinbrenner Piero Bianco und Antonio Ruschka allerdings einen Lieferungsvertrag zu 4 fl. 15 kr. das Tausend Backsteine mit der Baden-Durlachischen Bauverwaltung ab und standen in der Folge für die Rastatter Arbeiten nicht mehr zur Verfügung. So können wir davon ausgehen, daß noch mehr Backsteinbrenner, sehr wahrscheinlich aus Norditalien, in Rastatt gewesen waren, denn die Bauarbeiten mussten ja weiter gehen.

Die Stuckateure – Meister der Ornamentik

Während man für die Haffnerarbeit (Ofensetzerarbeit) einheimische Kräfte einsetzte, zog man für die Stuckateurarbeiten italienische Meister vor, deren Ruf als geschickte Stuckateure damals in Deutschland weit verbreitet war. Sind die Namen dieser ersten Rastatter Stuckateure auch nicht überliefert, so gibt es doch über ihre weiteren Tätigkeitsgebiete ausreichend Hinweise. Am 24. Juli 1700 meldet das Hofkammerprotokoll, dass „*Zwei Stuckatoren*", die in Rastatt und darauf im Kloster Gengenbach gearbeitet hatten, sich bereit erklärt hatten, gegebenenfalls wieder nach Rastatt zurückzukehren, wenn sie Ersatz aus Italien bekommen würden. Die durch die Italiener gefertigten Stuckaturen wurden gegen Mitte des 18. Jahrhunderts zum größten Teil erneuert und sind somit kaum noch vorhanden.

Inzwischen hatte Rossi auch wieder einen „*raren Stukkator auß Italiam*" bekommen, mit dem er sehr zufrieden war und der mit der Arbeit im Corps de Logis beginnen sollte, sobald dieser Gebäudeteil unter Dach sei. Im Winter 1702/1703 konnte Domenico Egidio Rossi einige Stuckateure nach Italien zurückschicken, da offensichtlich nicht genügend Arbeit vorhanden war. Der Italiener Giovanni Battista Artario war der führende Stuckateur im Ahnensaal des Rastatter Schlosses. Festgelegt wurden Planung und Aussehen des Saales allerdings von Rossi. Die Umsetzung dagegen übernahm Artario, der nicht nur den Festsaal des Schlosses ausgestaltete, sondern auch Stuckarbeiten im Treppenhaus ausführte. Hervorragend sind ihm dabei vor allem die Figuren gelungen, die in ihrer Gestaltung und „formalen Komposition" auf die von Rossi geschaffene Architektur abgestimmt sind.

Der italienische „Kunst-Maler" Paullo Manni (? – 1703)

Weniger zufriedenstellend, mag man der Einschätzung Rossis Glauben schenken, scheint dagegen die Arbeit des ersten Rastatter Deckenmalers Paullo Manni gewesen zu sein, der wahrscheinlich aus Bologna stammte. Er wird zum ersten Mal am 22. Januar 1700 genannt, und zwar mit energisch vorgetragenen Ansprüchen auf rückständige Arbeitsentgelte. Im Januar 1700 wurde allerdings erst mit dem neuen Corps de Logis begonnen. Entweder arbeitete er in den zu diesem Zeitpunkt schon errichteten Flügelbauten oder noch in Räumen des Jagdschlosses.

Bereits vor dem 15.10.1700 wurde das *„Garthen Partement"* im südlichen Gartenflügeltrakt vollendet. Zudem soll Manni in der *„Bildtergallerie"* gemalt haben, wohl beides Räume im Erdgeschoss. Die genaue Lage der Bildergalerie ist unbekannt. Die Historikerin Ulrike Grimm hält es für bewiesen, dass Manni auch der Meister der Treppenhausfresken ist. Ihrer Meinung nach weisen Fresken in Schlackenwerth, die dort Manni sicher zugeschrieben werden, und in Rastatt eindeutige Übereinstimmungen auf. Damit erhöht sich der nachweisbare Einfluss Mannis auf die künstlerische Ausstattung des Schlosses wesentlich.

Rossi war mit seinen Arbeiten allerdings nicht zufrieden, er schrieb dem Markgrafen am 15. Oktober 1700 und schilderte Mannis Arbeiten sehr kritisch: sie seien *„so gemein und schlecht, daß diejenigen, die solches nicht verstehen, den Kopf darüber geschüttelt"*. Außerdem fordere er zu hohe Preise. Rossi warf dem (Kunst-)Maler Manni die seiner Meinung nach mangelhafte Konzeption und Ausführung der Arbeiten vor, so dass dieser bekennen musste, *„daß Ihme dieses Werckh nicht allerdings wohl außgeschlagen were, obwohl er vorwendt, daß er sein Möglichkeit gethan habe…"* Manni hatte Schwierigkeiten bei der Umsetzung von Raumtiefe bei seinen Malereien. Er kompensierte dies, indem er seine Figuren fast nur in der Seitenansicht wiedergibt. Insofern erscheint es verständlich, dass Rossi die Arbeit des Malers heftig kritisierte, denn dem Architekten war die Schaffung eines größtmöglichen Raumillusionismus ein großes Anliegen.

Rastatt soll Residenz werden

Schloss, Schlossgarten und die Anlage der Stadt Rastatt bildeten eine architektonische Einheit, die den Herrschaftsanspruch Ludwig Wilhelms zum Ausdruck bringen sollte. Stadtplan um 1780. Idealplan aus der Vogelperspektive mit Texterklärung. Verlag von W. Mayer in Rastatt. Lithographie koloriert. © Stadtarchiv Rastatt

Die Deckenmaler Giosolfo Roli, Giuseppe Antonio Caccioli und Pietro Antonio Farina

Um es vorweg zu nehmen, nirgends in den zeitgenössischen Unterlagen in Rastatt lässt sich eine direkte Spur des Meisters der Deckengemälde des Ahnensaales finden. Es gilt aber als sicher, daß der Schöpfer dieser einzigartigen Kunstwerke Giosolfo Roli ist. Denn G.P. Zanotti berichtet in der 1739 erschienenen „Geschichte der Accademia Clementia": *„Desideroso il Principe di Baden di far dipingere un suo nuovo sontuoso palazzo fabricato in Rostot, spedi il Rossi suo architetto in Italia, perche pittori trovasse, e cola secoli concudese. Questi venne, ed elesse il* **Roli**, *il quale, obbligatosi di far questo lavoro, ne potendolo fare da se, condusse seco un suo scolare, ed uno di suo fratello, e questa fu l'anno 1704. Cola dipinse una gran sale, ne quattro angoli della quale vi si vedono quattro fiumi, e nel mezzo non so qual poesia ..."* Dieses Zeitdokument beschreibt zwar nur sehr fehlerhaft das tatsächliche Aussehen des Ahnensaales, nennt aber Roli ausdrücklich als Maler desselben. Da Zanotti Roli gekannt hatte – Roli war Lehrer (dies seit 1721) und Gründungsmitglied der Akademie (sie wurde 1687 gegründet) – darf man davon ausgehen, daß Roli Zanotti höchstwahrscheinlich selbst über die Arbeiten in Rastatt informiert hatte. Die Ausführung der von ihm entworfenen Deckengemälde übernahm er größtenteils allein. Er wurde von mindestens zwei weiteren namhaften italienischen Künstlern dabei unterstützt. Der eine, Giuseppe Antonio Caccioli, wurde von ihm selbst ausgebildet, der andere, Pietro Antonio Farina, war ein Schüler seines Bruders.

Roli, der Meister dieser Künstlergruppe, ist der eigentliche Schöpfer der Rastatter Deckengemälde. Es scheint sicher, dass er kurz nach seiner Ankunft im Frühjahr 1704 mit den Vorbereitungen für seine Arbeiten im Festsaal begonnen hatte. Diese Arbeiten waren im Herbst 1705 im Wesentlichen schon fertiggestellt. Als Entlohnung hierfür erhielt er die beachtliche Summe von 4.000 Gulden. Roli arbeitete nicht nur im Ahnensaal, sondern war bis zu seiner Entlassung 1707 auch mit der Ausmalung der Decken im Appartement von Sybilla Augusta und den beiden Kabinetten im Wohntrakt von Ludwig Wilhelm beschäftigt.

Die Ausgestaltung der Schlosskirche – die Maler Lazarus Maria Sanguinetti und Luca Antonio Colomba

Die Übertragung der Arbeiten für die Decken- und Wandmalerei der Hofkirche gestaltete sich nicht einfach. Am 11. Juni 1721 brachte der Maler Lazarus Maria Sanguinetti Pläne für ein Deckengemälde nach Rastatt mit, die aber nicht von der Markgräfin angenommen wurden, da sie mit den Aufmaßen des Gewölbes nicht übereinstimmten. Der Arbeitsvertrag über die geforderten 2.000 Gulden und „freien Tisch" sollte erst nach Überprüfung des neuen Entwurfs durch Sibylla Augusta selbst abgeschlossen werden. Sanguinetti wurde bereits vor der intendierten Beauftragung mit einer kleineren Arbeit bedacht. Der Maler und Kammerdiener Franz Pfleger fungierte als *Designeur* und zeichnete in dieser Funktion für die Gestaltung der Wand und Deckendekorationen verantwortlich. Pfleger war der Markgräfin für die gesamte Ausstattung der Hofkirche rechenschaftspflichtig. Er berichtete der Markgräfin in den Jahren 1720 und 1721 vom Baufortschritt der Kirche. In seinem Bericht vom 4. Juli 1721 notierte er: *„Der Maler Sanguinetti aber malt am Chor und hat gestern das eine Eck fertig in Fresko gemacht, worin die Historie von dem kranken Weib."*

Sibylla Augusta war von den Künsten des Italieners, wie auch Pfleger, nicht überzeugt und urteilte über ihn: *„…ob auch seine Malerei in unserer Kirche anständig sei, maßen wir dieselbe durch eine Schmiererei keineswegs zu enstellen gemeint sind."* Das Urteil ist eindeutig; obwohl die Markgräfin beabsichtigte, Sanguinetti in einem Erdgeschossraum des Corps de Logis probemalen zu lassen – dies geht aus zwei Schreiben vom 11. und 14. Juli 1721 hervor –, wurde der italienische Künstler ausbezahlt. Die Arbeiten Sanguinettis in der Hofkirche haben sich nicht bis heute erhalten.

Der italienische Maler hatte bereits in den 90er Jahren des 17. Jahrhunderts bei der Ausgestaltung des von Baumeister Johann Sockh geplanten „Weißen Schlosses" bei Schlackenwerth mitgewirkt. Als Nachfolger wird ein weiterer Italiener, der zuvor in Ludwigsburg gearbeitet hatte, verpflichtet. Sibylla Augusta rechnete trotz der Unterbrechung der Ausmalereien in der Hofkirche mit einem raschen Fortkommen des Projektes. Sie erkundigte sich nach dem *„aus Italien beschriebenen mahler"*. Es handelte sich dabei um Luca Antonio Colomba. Im Sommer 1721 erfolgte in einem Brief, datiert vom 24. Juli, die Zusage an Colomba, der sich aber bei einem Sturz von einem Pferde die Hände verletzte. Colomba konnte daher dem erteilten Auftrag nicht nachkommen, so wie auch andere italienische Maler nicht, bei denen man nachgefragt hatte. Zudem waren diese Künstler deutlich teurer als Sanguinetti. In Ettlingen ist das Wirken Colombas etwa 10 Jahre später gesichert: Er gestaltete die Architekturmalerei an der Fassade des Ettlinger Schlosses. Zumindest Colomba schien den Geschmack der anspruchsvollen Markgräfin getroffen zu haben.

Rastatt soll Residenz werden

Auch das Treppenhaus brachte den fürstlichen Repräsentationswillen zum Ausdruck. Es diente nicht nur als Aufgang, sondern zugleich als Festsaal. Barockschloss Rastatt, Antisala und südliches Treppenhaus.
© *Landesmedienzentrum Baden-Württemberg*

Steinmetze und Steinhauer

Im August 1701 wurde mit dem Transport der Sandsteinsäulen für die Schlossportale *„auß dem Sulzberg"* begonnen. Dort war für den Schlossneubau ein Steinbruch angelegt worden. In Rastatt wurden daneben Pflasterarbeiten durchgeführt, die Rossi persönlich leitete. Ein Künstler ist sogar namentlich bekannt: Der Bildhauer Carlo Fioretti aus Castiglione am Comer See scheint vorübergehend in Rastatt gewesen zu sein. Die historischen Quellenangaben liefern allerdings keinen Beleg, irgendeine der plastischen Arbeiten am Schloss mit seinem Namen in Beziehung zu setzen.

Die Schlossbau-Arbeiter

Bei seiner Ankunft 1698 in Rastatt hatte Rossi auch eine größere Anzahl böhmischer Handwerker und Spezialarbeiter mitgebracht, die aller Wahrscheinlichkeit von Schlackenwerth aus in die Markgrafschaft Baden-Baden gekommen waren. Dies mag von Ludwig Wilhelm initiiert und organisiert gewesen sein, wie der nachfolgende Auszug aus dem Hofratsprotokoll vom 10. März 1698 belegt:

„Alldieweilen auch Unsers g[nä]d[ig]sten Fürsten und Herrn hochf[ürstliche] D[urc]hl[aucht] andere frembde Familien in die Markgrafschaft zu bringen g[nä]d[ig]st intentioniert seind, alß ist p[er] generalie befohlen worden, daß die Beamte sich informieren und demnach waß für Herrens[ch]loß, oder aber ander ödte Güter alßbösch und dergleichen Orth zu guter gebracht und mit Untertanen besetzt werden khön[n]ten."

Am 4.12.1698 schrieb Rossi an den Markgrafen Ludwig Wilhelm, dass es zwar 1034 Handfröner gebe, die drei- bis viermal pro Woche arbeiten sollten, höchstens aber zweimal die Woche kämen. Kein Wort verlor Rossi über etwaige italienische Arbeiter. Trotzdem ist eine Anstellung von italienischen Arbeitern durchaus denkbar, denn „wenn man die Möglichkeiten eines so kleinen Landes mit den Erfordernissen einer solch großen Baustelle, wie es Schloß und Stadt Rastatt sehr schnell wurden, vergleicht, wird auch verständlich, daß Rossi offenbar in großem Umfang italienische Bauhandwerker nach Rastatt kommem ließ." Dies meint Wolfgang Stopfel.

Rossi war ein zielorientierter Mensch, der es als ein probates Mittel ansah, die zur Fron gezwungenen Menschen mit Prügel und Schlägen zur Arbeit zu treiben. Die Abneigung gegenüber Rossi wuchs von Tag zu Tag mehr. Er selbst beschwerte sich vehement über die seiner Meinung nach zu lockere Arbeitsmoral, für Rossi war die Fron durchaus ein legitimes Mittel zur Beschaffung einer genügenden Anzahl von Arbeitskräften. Die Leute indes hatten andere Vorstellungen über das, was sie mit ihrer Zeit anfangen sollten. Für sie gab es ja ansonsten Arbeit genug. Vieh war zu versorgen, Felder mussten bestellt, der Hof instand gehalten werden. Rossi dagegen wusste sich in seiner für ihn prekären Lage nicht mehr anders zu helfen und wandte sich an den Markgrafen. In einem Hofkammerbericht vom 21.12.1698 heißt es dann:

„Nachdeme von dem Ingenieur Rossi sehr geklagt worden, daß die zue herrschaftlichen Gebäw zu Rastatt auß denen Ambteren beschreibende Handfröhner nicht nur allein in Rastatt gar spaht anlangen, sondern auch nachdeme sie nur ettlich Stund daselbsten verblieben, in welcher Zeuth sie doch gantz träg und nachlässig seyen, daß sie immer mit dem Prügel in der Hand zu ihrer Schuldigkeith ahngetrieben werden müßten, gleich wider nacher hauß zurückh kehren wolten, ia gar davongehen, daß also obschon viel Fröhner zu alldortigem Bawweßen kommeten, jedoch nichts durch sie gerichtet und die Herschafft dadurch umb ihre Frohn betrogen werden, so hatt man gesambten Beambten per generalia ahnbefohlen, sothanes von Ermelten Ingenieur Rossi beschehnes hohes Beschweren gesambten Ihren Undergebenen und Handfröhnern nit nur allein mit allem Ernst vorzuhalten, sondern auch alle zu schreiben, so wegen Hand- und Fuhrfrohnen künftighin abgehen, ohne eigenes

cunctiren und mit aller Punctualitet exquiren zu lassen, auch dabey die Anstalt zu machen, damit zu denen Fröhnern kein Zedul mehr abgenommen werden solle, si[e] nicht von dem Ingenieur Rossi selbst als dem Pallier zu Rastatt underschrieben wäre!"

Die Arbeiterschaft wurde nicht oft zum Thema im Briefwechsel zwischen dem Architekten und seinem Auftraggeber. Dies war nur der Fall, wenn der Arbeitsablauf des Schlossneubaus gestört wurde. In diesem Falle war es die laxe Einstellung der einheimischen, aus den Ämtern der Markgrafschaft stammenden Fronarbeiter. Zum einen traten sie die Arbeit, zu der sie eingeteilt waren, nicht rechtzeitig an, und zum andern zeigten sie nicht den Arbeitseifer, den Rossi und der Markgraf gerne gesehen hätten. Vor allem dem Markgrafen war eine rasche Fertigstellung wichtig. Inwieweit nun fremde Arbeitskräfte angestellt wurden, ist nicht aus dem Briefwechsel zwischen Rossi und Ludwig Wilhelm ersichtlich. Ersichtlich ist aber, dass der Arbeitsfluss durch die Anstellung von Fronarbeitern ins Stocken geriet. So erscheint es konsequent, dass Rossi neben den hochdotierten Malern und Stuckateuren auch „einfache" Arbeiter von Italien nach Rastatt bringen ließ. Diese Vermutung wird durch den nachweislichen Einsatz italienischer Maurer beim Neubau des Jesuitenkollegs und der Jesuitenkirche in Baden-Baden gestützt. Als Ergebnis lässt sich feststellen, dass es zwar keinen schriftlichen Beweis für die Mitarbeit italienischer Arbeiter oder Maurer beim Schlossbau gibt, dass ihre Anwesenheit in Rastatt jedoch sehr gut vorstellbar ist.

Die markgräfliche Familie bezog im Herbst 1705 Räumlichkeiten im Schloss. Obwohl der Markgraf auf rasche Fertigstellung drängte – und Rossi ihm diesen Wunsch ohne Zweifel erfüllte – konnte Ludwig Wilhelm seine prachtvolle Residenz nur noch ein gutes Jahr genießen.

Herrschaftsrepräsentation als Gesamtkunstwerk

Die Ausgestaltung des Rastatter Schlosses

von Kiriakoula Damoulakis

In der Rastatter Residenz hängen zwei bemerkenswerte Bildnisse des Markgrafen Ludwig Wilhelm von Baden-Baden (1655–1707) und seiner Gemahlin Sibylla Augusta (1675–1733). Sie gelten als offizielle Staatsporträts der beiden ersten Rastatter Schlosserbauer, Bewohner und Regenten. Als Auftakt für den Rundgang durch die markgräflichen Staatsappartements und Privatzimmer sind sie im Vorzimmer des Markgrafen zu sehen. Herrscher und Herrscherin sind jeweils überlebensgroß in Szene gesetzt. Der Markgraf wird, seinem Ruf als Türkenbesieger gemäß, mit Prunkrüstung, Feldherrenstab und Allongeperücke in selbstbewusster Haltung vor einem Nachtlager dargestellt. Der blaue Samtmantel weist ihn als Reichsfürsten aus. Die Markgräfin ist in Witwentracht und Schleier wiedergegeben. In einem Armsessel sitzend, hält sie ihre linke Hand an die Brust geführt. Mit der Rechten, der Justizhand, berührt sie den Markgrafenhut, der auf einem Konsoltischchen platziert ist, und verweist damit auf ihre herrschaftliche Stellung. Nach dem Tod ihres Gemahls im Jahr 1707 hatte sie für den noch unmündigen Erbprinzen Ludwig Georg die Regentschaft übernommen. Ihre Herrschertugenden sind durch Bildmotive wie die ins Zentrum gerückte Säule, als ein Sinnbild für Stärke, sowie das Kreuz auf ihrer Brust, das ihren unumstößlichen christlichen Glauben bezeugt, stets gegenwärtig. In beiden Darstellungen werden die Fähigkeiten der herrschenden Personen hervorgehoben, die zur Bewältigung ihrer offiziellen Aufgaben, seien sie politischer oder militärischer Natur, erwartet werden.

Während die herrschaftliche Würde Ludwig Wilhelms im militärischen Sieg und in der Souveränität seines Landes verankert ist, tritt sie im Bildnis Sibylla Augustas mit ihrer Beständigkeit, ihrer tugendhaften Stärke und ihrer Ehrwürdigkeit hervor. Das Umfeld, das keinen existierenden Raum und keine reale Landschaft abbildet, wird zum Hinweis auf den Wirkungsbereich der Dargestellten. Alle Gegenstände verstärken diese zentrale Aussage. Die Botschaft der Bilder erreicht den Betrachter unmittelbar über formelhafte Gesten und Motive.

Die angestrebte Wirkung höfischer Ruhmesbilder wurde von Roger de Piles am Ende des 17. Jahrhunderts sehr prägnant formuliert. Er hielt fest: *„Die Bildnisse müssen zu uns sprechen scheinen und uns etwa sagen: Halt! Beachte auch wohl, ich bin jener unbesiegbare König, erfüllt von meiner Majestät; oder: ich bin jener tapfere General, der überall Schrecken um sich verbreitet; oder: ich bin jener große Minister, der alle Schliche der Politik gekannt hat; oder: ich bin jener Magistrat von vollendeter Weisheit und Redlichkeit."* Im Sinne solcher prägnanten Aussagen erfüllen die Rastatter Bildnisse die theoretischen Forderungen de Piles. Vorbildhaft für diese Formensprache waren die Porträts des französischen Malers Hyacinthe Rigaud, der im Auftrag Ludwigs XIV. am Hof von Versailles tätig war. Die gerade von diesem Künstler weiterentwickelten Herrscherporträts sind eine besondere Ausdrucksform barocker Selbstdarstellung. In gleichem Maße werden die beiden großartigen Staatsporträts im Rastatter Schloss dem absolutistischen Herrschaftsanspruch des Markgrafenpaars gerecht.

Verherrlichung des badischen Hauses

Die Glorifizierung Ludwig Wilhelms als Landesfürst und seine Verdienste als Kriegsheld sind aber nicht nur Thema einzelner Gemälde. Die gesamte Residenz mit ihren dekorativen Schmuckelementen, den Fresken und Stuckdekorationen hat einzig die Verherrlichung des badischen Hauses zum Inhalt. Den gebildeten Zeitgenossen vor etwa 300 Jahren war die Sprache der Rastatter Fresken und Stuckplastiken leicht verständlich, da hier ganz traditionelle mythologische Bildschemata zur alles umfassenden Machtdemonstration genutzt wurden. Schon das Treppenhaus des Corps de Logis dient als Aufgang und Festsaal zugleich. Höchst kunstvoll dekoriert und mit symbolträchtigen Hinweisen beladen, dokumentiert es die segensreiche Regentschaft des Türkenlouis. Über den in den Stuckplastiken dargestellten Personifikationen des Reichtums, der Staatskunst und Minerva als Göttin der Staatsklugheit wird in Erinnerung gerufen, dass nur ein wahrer Herrscher wie Ludwig Wilhelm die Aufgaben des Regierens erfüllen kann. Er identifiziert sich mit Apoll, dem Sonnengott, dem es alleine gelingt, den Feuerwagen

Herrschaftsrepräsentation

Das Staatsporträt des Markgrafen Ludwig Wilhelm zeigt diesen als Feldherrn in selbstbewusster Haltung vor einem Nachtlager. Der blaue Samtmantel weist ihn als Reichsfürsten aus. Ölgemälde, posthum wohl um 1724.
© *Stadtmuseum Rastatt*

über das Himmelsgewölbe zu lenken. Dem unfähigen Sohn Phaeton dagegen entgleiten die Zügel, so dass er ins Meer stürzt und ertrinkt. Sein Höhenflug wie sein Fall ist im Deckenfresko des südlichen Treppenhauses zu sehen. Die Darstellung ist ein direkter Hinweis auf die unberechenbare Staatsführung des französischen Sonnenkönigs, der aufgrund seiner Expansionspolitik als ständige Bedrohung betrachtet wird.

Dass sich Ludwig Wilhelm als „*protector imperii*", also als Beschützer des Reichs versteht, äußert sich am deutlichsten im Dekorationsprogramm des zentralen Festsaals, dem Ahnensaal der Residenz. Dieser Raum war Schauplatz rauschender barocker Feste. Auf Maskenbällen, die am badischen Hof oft veranstaltet wurden, traten Ludwig Wilhelm und seine Gemahlin Sibylla Augusta bevorzugt als *Türke* und *Türkin* verkleidet auf. Die zur Zeit des Barock äußerst beliebten Maskenspiele boten den ebenfalls verkleideten Gästen die einmalige Gelegenheit, den Zwängen des höfischen Zeremoniells zu entfliehen; dem Gastgeber dienten sie dazu, seine Majestät innerhalb einer glanzvollen Kulisse in Szene zu setzen. Nicht ohne Grund schmücken fantasievolle Ornamente, reich mit Gold verziert, und aus Stuck geformte Kriegstrophäen den Saal. Osmanische

Kämpfer kauern als vollplastische Stuckfiguren unter dem Deckengewölbe, dem feierlichen Treiben aus der Entfernung beiwohnend. In einer zu seiner Zeit unmissverständlichen Weise gipfelt die Erhöhung des kaiserlichen Generalleutnants im zentralen Fresko, das die Apotheose des Herkules vergegenwärtigt. Hier wird der Türkenlouis als Kriegsheld mit dem starken und tugendhaften Jüngling aus der griechischen Mythologie gleichgesetzt, der von Putten getragen in den leuchtenden Himmel der Unsterblichen aufsteigt. Die opulenten Stuckrahmen an den Wänden dienen zur Aufnahme der Ahnengalerie Ludwig Wilhelms, der als Landesfürst in einer bis ins 16. Jahrhundert zurückreichenden Reihe von Vorfahren seinen rechtmäßigen Herrschaftsanspruch aufs Neue bestätigt.

Hofzeremoniell

Vor allem in den Staatsappartements des Markgrafen und der Markgräfin ist das Streben nach absolutistischer Selbstdarstellung allgegenwärtig. In diesen Räumen entfaltete sich das französische Hofzeremoniell, das, wie die *„Protokolle über die Feste am Hof der Markgräfin Sibylla Augusta von Baden-Baden in den Jahren von 1721 bis 1727"* belegen, auch am badischen Hof praktiziert wurde. Sein Sinn war es, die Hoheit des Regenten zu betonen. Indem der Abstand zwischen Hofstaat und Herrscher ganz konkret durch eine Anzahl vorgelegter Räume vergrößert wurde, erhöhte sich der Schwierigkeitsgrad der Annäherung. Mit der Überwindung dieser räumlichen Distanz wurde einem auserwählten Personenkreis ein *„bequemer Zugang"*, das heißt eine Audienz bei dem Regenten ermöglicht.

Schon Andrea Palladio nannte ein Herrscherhaus bequem, *„wenn es den Eigenschaften dessen, der es bewohnen wird, entspricht und all seine Einzelteile mit dem Ganzen untereinander korrespondieren"*. Wichtig waren ihm weiträumige, angemessen dekorierte Räume, *„damit sich an solchen Orten jene mit Vergnügen aufhalten können, die darauf warten, den Herren zu begrüßen, oder ihn um Hilfe oder Begünstigung bitten wollen."* Der längere Aufenthalt in einem repräsentativen Raum sollte also zu Ansehen und Machtsteigerung des Schlossherrn beitragen. Dabei wurde dem Gast durch den räumlich definierten Abstand zum Herrscher die eigene Stellung innerhalb der aristokratischen Gesellschaft zugewiesen. Seinem Rang gemäß durfte er zunächst bis in das Vorzimmer eintreten. Dort wurden die niedrigen Regierungsgeschäfte abgewickelt. Als Bittsteller wurde er von Hofbeamten empfangen und abgefertigt, als hoher Besucher ließ er an diesem Ort seine Begleitung zurück. Nach einer angemessenen Wartezeit betrat er das anschließende Audienzzimmer, in dem die offiziellen Staatsangelegenheiten verhandelt wurden. Hier war der Thron des Regenten aufgebaut. Davon ausgehend wa-

Herrschaftsrepräsentation

ren, je nach Rang der anwesenden Regierungsmitglieder, entsprechende Sitzgelegenheiten aufgestellt. Sehr genau wurde unterschieden, wer auf einem der Armlehnstühle, einem Lehnsessel oder einem Hocker Platz nehmen durfte. Auch die Form der Anmeldung, Vorstellung und Begrüßung innerhalb des Hofzeremoniells bot reichlich Gelegenheit zur Demonstration der Bedeutung und Wertschätzung des Einzelnen.

Falls der Betreffende dem Hochadel angehörte, wurde er in das folgende Prunkschlafzimmer eingeladen. Im Paradeschlafzimmer stand ein Prunkbett, wie es der Repräsentationspflicht eines Fürsten entsprach. Dem Vorbild Ludwigs XIV. folgend, ist das Prunkschlafzimmer des Markgrafen mit einer Bettnische und einem Paradebett ausgestattet. Zur öffentlichen Glanzerhöhung fand hier das Zeremoniell des *Lever* und *Coucher*, d. h. des morgendlichen Aufstehens und abendlichen Zubettgehens statt. Am ritualisierten, zeitaufwändigen Ankleiden des Herrschers durften nur die engsten Familienangehörigen, wichtige Regierungsmitglieder und auserwählte Gäste teilnehmen. Dem *Lever* eines Regenten beiwohnen zu dürfen galt als große Ehre. Eine weitere Steigerung war nur noch in Form einer Einladung zum persönlichen Gespräch im Kabinett des Schlossherrn denkbar.

Markgräfin Sibylla Augusta ließ sich für ihr Staatsporträt in Witwentracht malen. Mit ihrer rechten Hand berührt sie den Markgrafenhut, womit sie ihre Stellung als Regentin zum Ausdruck bringt. Ölgemälde, wohl um 1724.
© *Stadtmuseum Rastatt*

Gesteigerte Prachtentfaltung

Mit dem strengen Auswahlverfahren der Besucher, die sich innerhalb der Staatsappartements des Markgrafen und der Markgräfin bewegten, ging eine gesteigerte Prachtentfaltung der aufeinanderfolgenden Räume einher. Durch das thematisch wie stilistisch aufeinander bezogene Dekorationsprogramm sind beide Raumfolgen jeweils zu einer Einheit miteinander verschmolzen. Auf der Seite des Markgrafen sind die Deckengemälde von reich stuckierten Hohlkehlen eingefasst, im Staatsappartement der Markgräfin überwuchern gemalte Scheinarchitekturen die Zimmer. Inhaltlich bilden die Fresken im Appartement des Markgrafen mit den Allegorien der Nacht im Vorzimmer, des Tags im Audienzzimmer sowie der Jahreszeiten in den anschließenden Räumen den Rahmen für die Verherrlichung der glänzenden Eigenschaften und militärischen Erfolge des Türkenlouis. Im Appartement der Markgräfin dagegen werden weibliche Fürstentugenden verherrlicht. Eine standesgemäße Vermählung, Fruchtbarkeit und die Erziehung des Erbprinzen zählten zu den primären Pflichten einer Regentin. So wird im Vorzimmer Sibylla Augustas die erste Begegnung von Bacchus und Ariadne im Deckenfresko gezeigt. Indem die Hochzeit des ersten mythologischen Triumphators der Antike, des Eroberers Indiens, dargestellt ist, wird die Bedeutung der Hochzeit des markgräflichen Paares hervorgehoben. Das Deckenfresko des Audienzzimmers schildert, wie dem jungen Herkules von seiner Beschützerin Minerva, die ihn zusammen mit seiner Mutter Alkmene erzieht, eine Keule gereicht wird. Damit wird auf die Geburt und Erziehung Ludwig Georgs hingewiesen, um das Weiterleben des badischen Geschlechts zu sichern. Als Sinnbilder für Fruchtbarkeit, Wachstum, Gedeihen und Wohlfahrt des Landes sind im Prunkschlafzimmer der Schlaf der Venus, in den folgenden Räumen Demeter, Juno und Flora an den Decken wiedergegeben. Nicht zuletzt trug die einstige mobile Ausstattung des Schlosses zur gesteigerten Prachtentfaltung der Räume bei. Wie auf den Gemälden, wurden auch auf Konsoltischen, Wirkteppichen und Polstermöbeln die jeweiligen Inhalte der Raumdekorationen immer wieder aufgenommen und auf vielfältige Weise erneut präsentiert. Ihre Nutzung sollte stets an ihre ersten Besitzer erinnern, für die sie einst geschaffen worden waren, und deren allgegenwärtige, herrschaftliche Präsenz implizieren. In diesem Sinne trifft die Feststellung des Reisenden Johann Ludwig Klüber besonders zu, der im Jahr 1810 in sein Tagebuch schrieb: *„Was Rastatt ist, das ist es größtenteils durch seine Kunst"*, und man ist gewillt hinzuzufügen: es ist weit mehr – *„ein Gesamtkunstwerk, das noch heute den Geist seiner Schöpfer atmet"*.

Herr über Land und Leute

Ludwig Wilhelm als regierender Markgraf von Baden

von Wolfgang Froese

Die Markgrafschaft Baden-Baden, über die Ludwig Wilhelm seit 1677 gebot, zählte zu den kleineren Territorien des Reiches. Sie umfasste zu Beginn seiner Regierungstätigkeit eine Fläche von rund 2.000 Quadratkilometern mit geschätzten 94.000 Einwohnern. Die eigentliche Markgrafschaft erstreckte sich dabei als geschlossenes Territorium entlang des Oberrheins von Ettlingen im Norden bis nach Stollhofen im Süden. Links des Rheins lag das Amt Beinheim. Im Besitz der Markgrafen befanden sich in der Ortenau zudem die Herrschaften Mahlberg und Staufenberg. Miteingerechnet in die obigen Zahlenangaben sind auch die Grafschaft Eberstein im mittleren Murgtal und die Herrschaft Windeck (um Bühl), zwei sogenannte Kondominate, bei denen sich der Markgraf Herrschaftsrechte und Einkünfte mit weiteren Landesherren teilen musste. Über die drei Klöster Frauenalb, Lichtental und Schwarzach übten die Markgrafen von Baden-Baden die Landeshoheit aus, während die Ortsherrschaft bei den Stiften selbst lag.

Über weiteren wertvollen Besitz verfügten die Markgrafen von Baden-Baden in der Pfalz (Herrschaft Gräfenstein bei Pirmasens) und besonders am Mittelrhein. Dort hatte Ludwig Wilhelms Großvater Wilhelm 1666 die Rodemachernsche Nebenlinie beerbt, was seinem Haus das Miteigentum an der Vorderen und Hinteren Grafschaft Sponheim eintrug. Auch in Böhmen war die Familie seit 1659 begütert.

Herr über Land und Leute

Im Reichstag fand der Markgraf von Baden-Baden seinen Platz auf der Fürstenbank und gab dort die 29. Stimme ab. In der Praxis wichtiger war seine Mitgliedschaft im Schwäbischen Kreis, der zusammen mit dem Fränkischen Kreis zu den am besten funktionierenden Verfassungsorganen des Reiches zählte und eine ganze Reihe von Aufgaben im Bereich der inneren und äußeren Sicherheit sowie der regionalen Wirtschafts- und Finanzpolitik wahrnahm. Der Markgraf war hier nach dem Herzog von Württemberg das bedeutendste weltliche Mitglied und präsidierte als Direktor dem badischen Viertel. Anders als im Reichstag vertrat der Markgraf sein Land im Schwäbischen Kreistag grundsätzlich selbst.

Als Ludwig Wilhelm die Regierung in Baden-Baden übernahm, litt die Markgrafschaft immer noch unter den verheerenden Folgen des Dreißigjährigen Krieges. Der wirtschaftliche Wiederaufbau war noch lange nicht abgeschlossen. Die Staatseinnahmen fielen daher wesentlich geringer aus als bei anderen deutschen Territorien vergleichbarer Größe. Vor weiteren Zerstörungen im Französisch-Holländischen Krieg (1672–1679) blieb das Land zwar weitgehend bewahrt, doch musste es die Schonung durch Geldzahlungen an die Franzosen teuer erkaufen. Noch 1680 schrieben die Jesuiten des Baden-Badener Kollegs in ihrem Jahresbericht, dass *„das ganze Land völlig verarmt und verwüstet"* sei.

Absolute Fürstenherrschaft

Ludwig Wilhelm regierte sein Stammland seit seiner Volljährigkeitserklärung durch den Kaiser im April 1678 als absoluter Herrscher. Die Grundlagen für die Bündelung der gesamten Staatsgewalt in der Person des Fürsten hatte bereits sein Großvater Markgraf Wilhelm gelegt. Von ihm stammte die ganz im absolutistischen Geist gehaltene Kanzleiordnung von 1655, mit der ein Geheimer Rat als oberstes Regierungsgremium eingerichtet wurde. Die baden-badischen Stände, zu denen neben Vertretern der Städte und Landgemeinden auch die landsässigen Klöster und größeren Stifte zählten, hatten zuletzt 1631 getagt und waren seitdem nicht mehr einberufen worden.

Bereits im ersten Jahr seiner selbstständigen Regierung ergriff Ludwig Wilhelm die Initiative, um die Staatsgewalt noch stärker als bislang in seinen Händen zu konzentrieren und lokale Sonderrechte abzubauen. *„Gegen den Herbst gab es am Hofe, in der Stadt und im Lande Baden allerlei Neuerungen; den Untertanen wurden neue Steuern aufgelegt; in Kellern und Scheuern wurden die Vorräte aufgenommen"*, klagten die Badener Jesuiten, welche ebenfalls von Steuerforderungen betroffen waren, in ihrem Jahresbericht für 1678. Ludwig Wilhelm hatte eine Landesvisitation angeordnet. Kommissare prüften Ort für Ort, ob alle dem

Landesherrn zustehenden Rechte beachtet und alle ihm gebührenden Einnahmen abgeführt wurden. Verstöße dienten als Anlass, früher erteilte Privilegien als Strafe zu kassieren. Die Stadt Ettlingen verlor auf diese Weise ausgedehnte Wiesengrundstücke, die der Herrschaft zugeschlagen wurden, sowie ihre fast 170-jährige Befreiung von Ungeldzahlungen für Fleisch, Wein, Bier und Mahlgut.

Regierungsorgane

Der bereits erwähnte Geheime Rat arbeitete dem Markgrafen in allen wesentlichen politischen Fragen zu. Er war die oberste Staatsbehörde des Landes. Nach der von Ludwig Wilhelm 1686 erlassenen Markgräflich Badischen Kanzleiordnung sollte „*alles, so Unserer Persohn, Unseren Estat, Bündnis, Verbünderung, Fried- und Kriegs Handlungen, Abschickungen an hohe Orth, Instructiones, äußerliche Correspondenzien, Unsere Hofstatt, und all das jenige, was Wir in Secreto gehalten, und nicht in pleno Consilio genommen haben wollen, belangend, in dem geheimen Rath bey Uns allein deliberiret und expediret werden*". Neben der Alleinzuständigkeit für die Außenpolitik besaß der Geheime Rat die Aufsicht und das Weisungsrecht über die beiden anderen zentralen Kollegien, den Hofrat und die Hofkammer. Ludwig Wilhelm legte fest, dass diese beiden Institutionen an den Geheimen Rat „*Ihre Relationes thun, und waß darauf, oder sonsten von demselben, Ein und anderem Collegio, oder deren Einem in Particularibus befohlen wird, dem nachzuleben schuldig sein sollen*".

Der Stadtbild der Residenz Baden-Baden wurde von dem Neuen Schloss beherrscht. Stadtansicht von 1657. © *Stadtarchiv Baden-Baden*

Aus dem Kreis der Geheimräte stammten auch die beiden engsten Mitarbeiter des Markgrafen, Johann Christoph von Greiffen und Carl Ferdinand von Plittersdorf. Der Freiherr von Greiffen stand bereits seit 1671 in badischen Diensten. Er bekleidete unter Ludwig Wilhelm das Amt des Hofmarschalls und war für ihn vor allem als Diplomat tätig. Als Gesandter des Markgrafen beim kaiserlichen Hof in Wien hatte er den wichtigsten Posten inne, den Ludwig Wilhelm zu vergeben hatte. Baron von Plittersdorf war der Sohn des kaiserlichen Residenten in Rom, den der junge Markgraf auf seiner Kavaliersreise kennen gelernt hatte. Er leitete als Hofratspräsident die badische Verwaltung, wurde wie andere Räte aber auch immer wieder mit Sonderaufgaben betraut. So entsandte ihn Ludwig Wilhelm 1697 als Unterhändler zu den Friedensverhandlungen in Rijswijk. Im gleichen Jahr wurde er nach Brüssel beordert, um dort Pläne moderner Stadtanlagen zu besorgen.

Als zentrale Verwaltungsbehörde der Markgrafschaft fungierte der Hofrat. Das kollegial verfasste Gremium war für alle Kirchen- und Lehensangelegenheiten sowie für alle *„Policey-Sachen"* (das heißt die gesamte innere Staatsverwaltung) zuständig. An der Spitze des Rates stand der Präsident, dem als weitere herausgehobene Beamte der Kanzler, der Vizekanzler und der Hofratsdirektor zur Seite gestellt waren. Der Hofrat war als Hofgericht zugleich zweite Instanz in allen Zivil- und Strafprozessen des Landes. Als weitere wichtige Aufgabe oblag dem Hofrat die Aufsicht über alle lokalen Behörden und Amtspersonen.

Das gesamte Finanzwesen wurde getrennt durch die Kammer verwaltet. Auch für sie hatte Ludwig Wilhelm 1684 eine neue Satzung erlassen. Der Kammerrat glich in seinem kollegialen Aufbau dem Hofrat; er war diesem zwar nicht fachlich untergeordnet, aber rangmäßig nachgeordnet. In der von Ludwig Wilhelm 1681 erstellten „Fürstlich Markgräflich badischen Rangordnung" fand der Kammerdirektor (der Finanzminister nach heutigem Sprachgebrauch) seinen Platz erst nach den adligen und bürgerlichen Hofräten. Bei Kompetenzstreitigkeiten zwischen Hof- und Kammerräten war Ludwig Wilhelm allerdings bestrebt, der Finanzverwaltung den nötigen Freiraum in der alltäglichen Arbeit zu sichern. Dies zeigen mehrere Entscheidungen, die der Markgraf im Juli 1685 in seinem Feldlager vor Neuhäusel in Ungarn traf und die ihrer grundsätzlichen Bedeutung wegen in die Kanzleiordnung von 1686 eingefügt wurden.

Die Präsenz des Staates in der Fläche sicherten die Amtleute oder Vögte, die die Ämter und Oberämter der eigentlichen Markgrafschaft sowie die weiteren baden-badischen (Mit-)Besitzungen wie die Grafschaft Eberstein verwalteteten. Diese lokalen Beamten verfügten über eine erhebliche Macht, da sie vor Ort alle landesherrlichen Rechte und Befugnisse wahrnahmen. Sie waren allzuständig und übten als markgräfliche Hoheitsträger administrative, polizeiliche, fiskalische, ju-

Herr über Land und Leute

1689 brannten die französischen Truppen Städte und Dörfer der Markgrafschaft Baden nieder. Auch die Residenz ging in Flammen auf. Ansicht von Baden-Baden während der Zerstörung durch die Franzosen im August 1689.
© *Stadtarchiv Baden-Baden*

ristische und militärische Funktionen aus. Auf der anderen Seite handelten sie auch als Sachwalter ihres Amtsbezirkes, wenn es darum ging, lokale Interessen beim Landesherrn, der Regierung oder gegenüber anderen Ämtern geltend zu machen.

Zu den Eigenheiten des baden-badischen Staatsaufbaus zählte die personelle Verschränkung der verschiedenen Verwaltungsebenen. Die Amtmänner fungierten in der Regel zugleich als Räte in der Hofkammer oder im Hofrat, während die Spitzen der Regierung meist auch dem Geheimen Rat angehörten. Diese nicht zuletzt aus finanziellen Gründen eingeführte Praxis hielt den Beamtenapparat klein, verbesserte den Informationsfluss und ermöglichte rasche Entscheidungen, hatte aber auch oft eine Arbeitsüberlastung der Staatsdiener zur Folge.

Regierung in Abwesenheit

Das absolutistische Herrschaftsmodell beruhte auf der Präsenz des Fürsten, der sich alle wesentlichen Entscheidungen vorbehielt. Ludwig Wilhelm brachte aber den größten Teil seiner Regierungszeit außerhalb der Markgrafschaft zu. In den dreißig Herrschaftsjahren zwischen 1677 und 1707 hielt er sich nur bis 1682 und dann erst wieder ab 1705 vorwiegend in seinem Stammland auf. Von 1683 bis 1692 verbrachte er den Sommer auf dem ungarischen Kriegsschauplatz und den Winter in Wien, ab 1693 war er als Oberbefehlshaber im Westen der Markgrafschaft zwar näher, doch kam er meist nur zu kurzen Stippvisiten in sein abgebranntes Land. In der Zeit zwischen den militärischen Kampagnen und während der kurzen Friedensjahre zwischen 1698 und 1700 lebte er mit seiner Ehefrau bevorzugt in Günzburg, Aschaffenburg und seiner böhmischen Residenz Schlackenwerth.

Ludwig Wilhelms weitgehende Abwesenheit machte es erforderlich, dass für die alltägliche Regierungsarbeit Vertretungslösungen gefunden wurden. Dies galt vor allem für die Zeit, in der er in Ungarn weilte. In den 1680er Jahren übernahm seine Tante, die Markgräfin Maria Franziska, als Vormund des damaligen Erbprinzen Leopold Wilhelm zum Teil die Aufgaben einer Regentin. Um dem Haus Baden den Mitbesitz der Grafschaft Sponheim zu retten, erkannte sie 1683 vor der Reunionskammer in Metz den französischen König als Lehnsherrn der Grafschaft an. 1689 versuchte sie unter großem persönlichen Einsatz, jedoch vergeblich, die Zerstörung der Stadt und des Schlosses Baden-Baden durch die französische Armee zu verhindern.

Auch Ludwig Wilhelms Onkel, Markgraf Hermann, der bis 1688 als Hofkriegsratspräsident in Wien wirkte, war in die Regierungsarbeit einbezogen. Zwischen ihm und Maria Franziska beziehungsweise den Räten in Baden-Baden herrschte ein reger Briefverkehr. Auch unmittelbare Regierungshandlungen wie 1686 ein Erlass zugunsten des Badener Jesuitenkollegs sind von Hermann überliefert.

In der Kanzleiordnung von 1686 wies Markgraf Ludwig Wilhelm dem Geheimen Rat, welcher *„insonderheit in Unserer jeweiligen Abwesenheit unsere Person repraesentiret"*, eine generelle Stellvertreterfunktion zu. Damit war auch eine gewisse Ermächtigung zu eigenständigem Handeln verbunden. Letztlich sollte der

Geheime Rat jedoch vor allem dafür sorgen, dass Hofrat und Kammer im Sinne des Markgrafen arbeiteten und dessen Anordnungen *„in allen ihren puncten fleißig und stricte"* befolgten. Diese beiden Staatsorgane erledigten die laufenden Geschäfte. Ihre Mitglieder bezeichneten sich selbst als *„hinterlassene Räte"*, was ihr Selbstverständnis als Statthalter des Markgrafen ausdrückt.

Nach der Einäscherung Baden-Badens Ende August 1689 wich die badische Regierung mitsamt dem geretteten Archiv zunächst nach Forbach im hinteren Murgtal aus, wo sie den ganzen Winter über blieb. Von diesem abgelegenen, für die Regierungsarbeit wenig geeigneten und nur aus Sicherheitsgründen gewählten Ort wechselte sie im Mai 1690 für zwei Jahre in die ebersteinische Amtsstadt Gernsbach. Als auch diese Stadt von französischen Truppen besetzt wurde, verließen Hofrat und Kammer die Markgrafschaft ganz und amtierten bis 1695 in Rottenburg am Neckar.

Obgleich Ludwig Wilhelm die meiste Zeit fernab seines Landes verbrachte, ist sein leitender Einfluss auf die Regierungsgeschäfte immer vorhanden gewesen. Von einer Herrschaft der Räte kann keine Rede sein. Ludwig Wilhelm bestimmte nicht nur selbstverständlich in allen Fragen, die das Verhältnis zu Kaiser und Reich, zu anderen Mächten sowie Krieg und Frieden betrafen. Auch in der gesamten inneren Politik behielt der machtbewusste Markgraf trotz der genannten Einschränkungen letztlich die Zügel in der Hand. Es ist bezeichnend, dass die Amtmänner selbst während seiner Feldherrntätigkeit in Ungarn in wichtigen Fragen direkt an ihn berichteten und seine Entscheidung erbaten. So war Ludwig Wilhelm auch aus erster Hand über das Ausmaß der Zerstörung seines Landes im Pfälzischen Erbfolgekrieg unterrichtet und behielt sich die Entscheidung über die Art und Weise des Wiederaufbaus vor, wie weiter unten noch zu berichten sein wird. Selbst vergleichsweise nebensächliche Fragen wie die Befreiung der Barbiere in Baden-Baden von Handfronen, *„damit sie eine leichte Hand behalten mögen"*, entschied Ludwig Wilhelm persönlich, wie sein in Schlackenwerth ausgestellter Erlass vom 30. März 1700 zeigt.

Auswärtige Angelegenheiten

Eine selbstständige Außenpolitik, wie sie den Ständen des Reiches seit dem Westfälischen Frieden mit gewissen Beschränkungen zustand, konnte Ludwig Wilhelm angesichts der Schwäche seines Landes nur in engen Grenzen betreiben. Der Versuch seines Großvaters, sich dem mächtigen Nachbarn Frankreich vorsichtig anzunähern, hatte keine Früchte getragen. Deshalb schwenkte die badische Politik schon vor der Regierungsübernahme durch Ludwig Wilhelm auf die

Markgräfin Maria Franziska (1633–1702), eine geborene Gräfin von Fürstenberg, vertrat Ludwig Wilhelm während der Türkenfeldzüge in Baden-Baden. Zeichnung von Matthäus Merian dem Jüngeren, 1669.
© Staatliche Kunsthalle Karlsruhe

bewährte prohabsburgische, reichsfreundliche Linie zurück. Dabei blieb es im Grundsatz während der gesamten Regierung des Markgrafen, auch wenn die Enttäuschung über den Kaiser und den Hof in Wien gegen Ende seines Lebens immer mehr zunahm.

Zwischen 1698 und 1701, während des Streits um die neunte Kurwürde (siehe Beitrag „Bemühen um Standeserhöhung") und des parallel dazu ausbrechenden Konfliktes um die spanische Erbfolge, schien Ludwig Wilhelm nicht mehr grundsätzlich abgeneigt, sich auf französische Avancen einzulassen. Die Gespräche mit Marschall Villars, dem Abgesandten Ludwigs XIV., gelangten jedoch nicht über unverbindliche Sondierungen hinaus. Letztlich blieb Ludwig Wilhelm, auch dank großzügiger Zusagen Kaiser Leopolds, auf der Seite Habsburgs und des Reiches. Er trug mit seiner persönlichen Autorität entscheidend dazu bei, dass die südwestdeutschen Reichskreise in den Krieg gegen Frankreich eintraten. Die Kreise hatten Ludwig Wilhelm schon zuvor während des Pfälzischen Erbfolgekrieges als Ansatzpunkt gedient, um sich die gewünschte „freiere Stellung" im Reich (Christian Greiner) zu schaffen. Nach dem Friedensschluss 1697 zeigten sich die Kreisstände aber nicht mehr bereit, ein großes stehendes Heer unter dem dauernden Kommando des Markgrafen zu unterhalten.

Als langfristig bedeutsam erwies sich, dass sich das Verhältnis zu Baden-Durlach in der Regierungszeit Ludwig Wilhelms zusehends entkrampfte. Am

Ende des 16. und in der ersten Hälfte des 17. Jahrhunderts hatte sich die Feindschaft der auch konfessionell getrennten badischen Linien noch in der wechselseitigen Besetzung von Landesteilen und einem Wirtschaftskrieg niedergeschlagen. Ludwig Wilhelm und Markgraf Friedrich Magnus von Baden-Durlach verkehrten – wie schon ihre Väter Ferdinand Maximilian und Friedrich VI. – freundschaftlich miteinander; den baden-durlachischen Erbprinzen Karl Wilhelm, der eine militärische Karriere plante, nahm Ludwig Wilhelm als Mentor und militärischer Erzieher unter seine Fittiche. Anfang 1694 besuchten sie gemeinsam den englischen König Wilhelm in London. Mit Friedrich Magnus verhandelte Ludwig Wilhelm sogar über eine Erbvereinigung der beiden Häuser. Sein Tod 1707 unterbrach die Gespräche, doch wiesen sie bereits den Weg in die dann 1771 erfolgte Vereinigung der badischen Landesteile.

Gebietserwerbungen

Wie alle Fürsten seiner Zeit strebte auch Ludwig Wilhelm danach, sein Territorium zu vergrößern, um damit an Macht und Reichtum zu gewinnen. Seinen Länderbesitz vermehren konnte man entweder durch kluge Heiraten, die Erbschaften nach sich zogen, durch militärische Gewalt oder durch Verhandlungen und Diplomatie. Der Markgraf setzte alle diese Mittel ein, blieb als Fürst eines kleinen Landes allerdings fast immer darauf angewiesen, dass ihm eine größere Macht, in seinem Fall der Kaiser, Unterstützung bot.

Dies zeigte sich bereits bei der ersten Erwerbung, die Ludwig Wilhelm glückte, der Herrschaft Windeck. Da das dort regierende Geschlecht von Sötern vor dem Aussterben stand, hatte Kaiser Leopold 1682 dem Reichsvizekanzler von Waldersdorf die Anwartschaft auf das Reichslehen verliehen. Dieser verzichtete jedoch 1686 auf Wunsch des Kaisers auf seine Rechte, da inzwischen auch Ludwig Wilhelm als Bewerber auftrat. Der Markgraf erhielt die Anwartschaft in Anerkennung seiner Ergebenheit gegenüber Kaiser und Reich, *„sonderlich aber bei diesem wider den Erbfeind christlichen Namens führenden schweren Krieges und Eroberung unterschiedlicher Plätze rühmlich erwiesener Tapferkeit und annoch wirklich continuirenden sehr ersprießlichen Diensten"*. Zwei Jahre später einigte sich die badische Regierung mit dem letzten Grafen von Sötern auf den vorzeitigen Übergang des Lehens gegen eine Summe von 20.000 Gulden.

Der Kaiser war seinem erfolgreichen Feldherrn nicht nur bei dieser Gelegenheit gefällig. 1699 erhielt Ludwig Wilhelm – als Entschädigung für die Zerstörung seines Landes im Neunjährigen Krieg – die Festung Kehl als Reichslehen übertragen. Die wesentlich weitergehenden, durch Zusagen des Kaisers genährten Hoffnungen Ludwig Wilhelms, auch die rechtsrheinischen Teile des Bistums Straßburg zu bekommen sowie nach der Eroberung des Landes das Gouvernement über das Elsass und Straßburg, erfüllten sich dagegen nicht. Der Markgraf wäre damit zu einem wirklichen Machtfaktor am Oberrhein geworden, doch stand dem nicht nur Frankreich entgegen, sondern auch das Eigeninteresse des Kaisers. Immerhin wurde Ludwig Wilhelm 1701, als Leopold I. dringend auf die militärische und diplomatische Hilfe des Feldherrn und Reichsfürsten angewiesen war, die bislang vorderösterreichische Landvogtei Ortenau mitsamt der Reichsvogtei über die Städte Offenburg, Zell am Harmersbach und Gengenbach überlassen. Dies war der letzte territoriale Zuwachs, den die Markgrafschaft Baden-Baden unter dem Türkenlouis verzeichnen konnte.

Die Heirat mit Sibylla Augusta von Sachsen-Lauenburg 1690 brachte dem Haus Baden-Baden den Besitz der ausgedehnten Herrschaft Schlackenwerth in Nordböhmen ein. Sie war allerdings kein selbstständiges Territorium, sondern unterstand dem habsburgischen Kaiser als König von Böhmen. Die Ehe mit Sibylla Augusta hatte Ludwig Wilhelm noch in der vagen Hoffnung geschlossen, dass durch diese Verbindung das Herzogtum Lauenburg, zumindest aber das zugehörige Land Hadeln für Baden gewonnen werden könne, welches der letzte Herzog von Sachsen-Lauenburg seinen Töchtern ausdrücklich vermacht hatte. Kaiser Leopold war allerdings nicht bereit, sich wegen Lauenburg in einen Konflikt mit dem Herzog von Lüneburg-Celle zu begeben, der das Herzogtum besetzt hielt. Die Zugehörigkeit des Landes Hadeln, das Ludwig Wilhelm 1701 noch einmal beim Kaiser für sich forderte, blieb noch lange nach dem Tod des Türkenlouis in der Schwebe.

Praktisch in den Schoß fiel Ludwig Wilhelm dagegen 1695 derjenige Teil der Grafschaft Eberstein, den bis dahin die Grafen von Wolkenstein besessen hatten. Der Markgraf konnte das Besitztum nach dem Tode des letzten Wolkensteiners als erledigtes badisches Lehen einziehen. Den übrigen badischen Anteil an der Grafschaft (der Hauptort Gernsbach und die beiden Dörfer Scheuern und Staufenberg gehörten zur Hälfte dem Bistum Speyer) hatte Ludwig Wilhelm allerdings 1688 für die Summe von 100.000 Gulden an Baden-Durlach verpfändet. Erst 1708 konnte seine Witwe Sibylla Augusta die Pfandschaft wieder auslösen.

Merkantilistische Wirtschaftspolitik

Das Barockzeitalter war auch die Blütezeit des Merkantilismus, einer ökonomischen Praxis, bei der der Staat als „Prozessregler und Impulsgeber" (Willi A. Boelcke) der Wirtschaft auftrat, um den Reichtum des Landes und damit die Macht des regierenden Fürsten zu mehren. Der Schutz und die Lenkung der einheimischen Gewerbe erfolgten vor allem mit Blick auf die Staatseinnahmen, die erhöht werden sollten. Markgraf Ludwig Wilhelm gilt als einer der deutschen Fürsten, die ihre Wirtschaftspolitik am frühesten nach merkantilistischen Grundsätzen ausrichteten.

Ein Hauptaugenmerk lag dabei auf dem Rohstoffreichtum des Schwarzwaldes. Seine natürlichen Ressourcen, Holz und Bodenschätze, sollten erschlossen und zum Vorteil der Staatskasse ausgebeutet werden. 1686 erließ Ludwig Wilhelm dazu eine neue Forstordnung, die inhaltlich weitgehend ihrem Vorläufer von 1673 entsprach. Es ging bei ihrer Verabschiedung also vor allem darum, die bestehenden Vorschriften in Erinnerung zu rufen und durchzusetzen. Die gesamte Waldnutzung sollte unter die Kontrolle der Forstbehörden gestellt, das willkürliche Holzfällen ohne vorherige Genehmigung unterbunden werden.

Bereits zu Beginn seiner Regierungstätigkeit suchte Ludwig Wilhelm die einheimische Eisenproduktion zu fördern. Hier sollte der Schwarzwald die nötige Energie in Form von Holzkohle und Wasserkraft und auch das Erz liefern. 1681 erteilte der Markgraf drei Basler Bürgern die Erlaubnis, ein Eisenwerk in Altschweier bei Bühlertal zu errichten. In dem Vertrag verpflichtete er sich gegenüber den Betreibern, die Baukosten zu übernehmen und die Holzversorgung gegen 1000 Gulden jährlich sicherzustellen. Die Erzförderung fand in der Nähe der

Markgraf Hermann von Baden (1628–1691) besaß großen Einfluss auf seinen Neffen Ludwig Wilhelm. Auch nach dem Ende der Vormundschaft blieb er an der Regierungsarbeit beteiligt. Kupferstich von Philipp Kilian, 1681.
© *Staatliche Kunsthalle Karlsruhe*

Hütte statt, wobei auch eine stillgelegte Grube auf Staatskosten wieder in Betrieb genommen wurde. Das Werk erhielt Zollfreiheit, und die Untertanen wurden angewiesen, *„daß sie kein anderes Eisen als waß in dero Landen gemacht würdt, gebrauchen thun"*.

Ein zweites Eisenwerk erbaute die markgräfliche Regierung nach 1680 auf eigene Rechnung in Gaggenau. 1683 verpachtete Ludwig Wilhelm das Hammerwerk an einen privaten Betreiber. Dieser erhielt das Recht, selbst nach Eisenerz zu schürfen, bezog in den 1680er Jahren aber Roheisen aus Altschweier sowie Erz aus Bühlertal und der markgräflichen Herrschaft Staufenberg. Das von Ludwig Wilhelm initiierte Gaggenauer Eisenwerk entwickelte sich zum „protoindustriellen Kristallisationskern der nachfolgenden Industrialisierung" (Boelcke) und zählt damit zu den nicht eben zahlreichen Beispielen langfristig erfolgreicher merkantilistischer Industriepolitik.

Zu den weiteren holzverbrauchenden Gewerben, deren Ansiedlung von Ludwig Wilhelm gefördert wurden, gehört die Glasherstellung. 1698 errichteten zwei Glasmacher aus St. Blasien eine Glashütte in Mittelberg bei Moosbronn, die schnell florierte. 1717 befanden sich bereits 17 Gebäude bei der neuen Hütte, deren Betrieb mehrere tausend Kubikmeter Holz im Jahr verschlang. Dagegen wurde das *„fürstliche Cristalhaus"* in Ettlingen, das bereits zur Zeit des Markgrafen Wilhelm als herrschaftliche Manufaktur Kristallglas produziert hatte, nach der Zerstörung 1689 nicht wieder aufgebaut.

Die Begünstigung einzelner Gewerbezweige wurde allerdings durch die Finanzpolitik Ludwig Wilhelms konterkariert. Der Markgraf lebte seinem gesteigerten Repräsentationsbedürfnis entsprechend auf großem Fuß, so dass er sich ständig in Geldverlegenheiten befand. Die markgräfliche Schuldenwirtschaft, eine angesichts der schwierigen wirtschaftlichen Verhältnisse drückende Abgabenlast und nicht zuletzt eine willkürliche, für den Bürger nicht vorhersehbare Steuerpolitik schädigten das Wirtschaftsleben insbesondere der Städte. Aber auch die Bauern litten unter hohen Abgaben und vor allem unter den unentgeltlichen und zeitraubenden Frondiensten, zu denen sie für den Rastatter Schlossbau verpflichtet wurden.

Zerstörung und Wiederaufbau

Wie eingangs angedeutet, erbte Ludwig Wilhelm von seinem Großvater Wilhelm mit der Herrschaft über die Markgrafschaft zugleich die Aufgabe, den Wiederaufbau des Landes nach den Verheerungen des Dreißigjährigen Krieges voranzutreiben. Neben der bereits erwähnten Förderung einzelner Gewerbe erließ der Markgraf 1686 auch ein Privileg, das Vergünstigungen für den Aufbau „*verödeter Hausstellen*" vorsah. Die Katastrophe des Pfälzischen Erbfolgekrieges warf die Markgrafschaft dann erneut weit zurück. Im Spätsommer 1689 wurden zahlreiche baden-badische Städte und Dörfer ein Raub der Flammen, ein Opfer der französischen Strategie der verbrannten Erde. Dazu kamen hohe Kontributionszahlungen, Fouragelieferungen und Frondienste, die die französischen Besatzungstruppen Jahr für Jahr bis zum Friedensschluss 1697 dem weitgehend zerstörten Land auferlegten.

Außer den immensen materiellen Verlusten büßte die Markgrafschaft während des neun Jahre dauernden Krieges auch rund ein Viertel der Bevölkerung ein, weniger durch direkte Kriegshandlungen als vielmehr durch Hunger und Mangelernährung, Krankheiten, Geburtenausfälle und Abwanderung. Von diesem Rückgang konnte sich das Land bis zum Tod Ludwig Wilhelms nicht mehr erholen, zumal seit 1702 der Oberrhein erneut Kriegsschauplatz war.

In den beiden damals wichtigsten Städten der Markgrafschaft, in Baden-Baden und Ettlingen, wurden die ersten Initiativen der Bürger zum Wiederaufbau ihrer zerstörten Häuser zunächst von Ludwig Wilhelm gebremst. Er verfügte für Baden-Baden ein vorläufiges Verbot allen privaten Hausbaus, um die Stadtanlage nach modernen Gesichtspunkten ändern zu können. Die Vernichtung der Residenz schien ihm 1691 „*die böste [beste] Gelegenheit*", die Hauptstadt seines Landes neuzeitlich und womöglich glanzvoll auszugestalten – „*in guter Ordnung und mit sauberen Gebäuden*". Als der Markgraf eine Verlegung des Hofes ins Auge fasste, dachte er zunächst an Ettlingen, weshalb auch hier 1694 eine Veränderungssperre in Kraft trat. Erst im Jahr darauf wurden die ersten ausdrücklichen Baugenehmigungen erteilt.

Die Idee des „modellmäßigen Bauens" bestimmte auch das Edikt, das Ludwig Wilhelm am 16. August 1698, fast auf den Tag neun Jahre nach der Zerstörung seines Landes, erließ, um die Städte und Dörfer der Markgrafschaft, welche „*mehrentheils in die Aschen gelegt worden, [...] auf alle weiße wiederum auffzubringen*". In Baden-Baden, Ettlingen und Rastatt wurden die Bewohner verpflichtet, „*ihre Häuser von Stein nach dem gemachten Modell in Zeit von drei Jahren*" zu errichten. Ihnen wurde dafür die dauernde Befreiung des Hauses von allen Lasten mit Ausnahme eines freien Quartiers für Hofbedienstete in Aussicht gestellt. Das Bauholz sollten sie gratis erhalten. Kamen sie dem Baugebot nicht nach, drohte ihnen die Enteignung des Grundstücks. In den übrigen Orten war den Untertanen die Art des Hausbaus freigestellt und die Abgabenfreiheit auf fünf Jahre begrenzt.

Angesichts der starken Bevölkerungsverluste begünstigte Ludwig Wilhelm den Zuzug von (kapitalkräftigen) Fremden besonders. Ihnen wurde beim Bau eines Modellhauses in den genannten drei Städten für sich und ihre Nachkommen die Befreiung von der Leibeigenschaft zugesagt. Als katholisches Territorium stand die Markgrafschaft Baden-Baden den meist hoch qualifizierten Hugenotten allerdings nicht offen. Das war in Baden-Durlach anders, wo die französischen Glaubensflüchtlinge zahlreich angesiedelt wurden. „Der entscheidende Vorteil, den das protestantische Baden-Durlach in dieser Phase gegenüber dem Nachbarstaat erlangte, mag hiermit zusammenhängen" (Hansmartin Schwarzmeier).

Im Übrigen kam der Wiederaufbau auch angesichts des 1701 beginnenden Spanischen Erbfolgekrieges nur schleppend voran, wurden Modellhäuser zu Lebzeiten des Markgrafen kaum errichtet. Eine Ausnahme bildete allein die Rastatter Residenz, deren Bau mit allen Mitteln vorangetrieben wurde. Eine belebende Wirkung für das Land als Ganzes hatte das Prestige-Projekt wegen der damit verbundenen großen Belastungen für die Einwohner allerdings kaum.

Ein Landesvater?

Hat Ludwig Wilhelm seine Pflichten als Landesherr vernachlässigt? In seiner 1834 erschienenen „Badischen Landes-Geschichte" schrieb Josef Bader sichtlich um eine Entschuldigung bemüht, dass „für die Markgrafschaft … bei einer so großen auswärtigen Thätigkeit des Fürsten wenig geschehen [konnte]; doch war ihm das Wohl seiner Unterthanen allezeit angelegen". Mit kritischem Unterton hat in jüngerer Zeit auch Christian Greiner vermerkt, dass die Markgrafschaft während der jahrelangen Abwesenheit des Fürsten „mehr verwaltet denn regiert" worden sei. Überblickt man die Aktivitäten des Markgrafen, ist es allerdings eher erstaunlich, um was sich Ludwig Wilhelm angesichts der Fülle seiner Aufgaben noch persönlich gekümmert hat. An Pflichtbewusstsein hat es ihm bestimmt nicht gemangelt.

Den Fixpunkt im Denken des Markgrafen bildete allerdings nicht die Sorge um *„Land und Leute"*, sondern um das *„Haus"*, die badische Dynastie. Ihrem Ruhm und ihrem Glanz galt sein besonderes Bemühen, dem er alle anderen Ziele unterordnete. Darunter litten dann nicht selten seine Untertanen. Auch wenn Ludwig Wilhelm die meiste Zeit außer Landes war, erwies er sich als ein energischer und in mancher Hinsicht auch erfolgreicher Landesherr. Ein Landesvater war er sicher nicht.

Pflichtbewusst bis zuletzt

Die späten Jahre des Türkenlouis

von Tatjana Lemke

Während der Reiterschlacht bei Mohács 1686 beobachtete Marechal Villars den damaligen Feldmarschall Ludwig Wilhelm im Schlachtgetümmel und resümierte: Er habe das Zeug dazu, ein großer General zu werden. Die Eigenwilligkeit und das Selbstbewusstsein seien jedoch hinderlich. Für das Hofleben sei er wenig geeignet, da er mit den Ministern zu frei und heftig rede.

Die Charakterisierung war in jeder Hinsicht zutreffend. Zum einen, weil der Markgraf zu einem der größten Feldherren aufstieg, der die Geschicke Europas und der abendländischen Kultur entscheidend prägte. Dafür wurde Ludwig Wilhelm von Kaiser Leopold I. zum Generalleutnant ernannt, eine Ehre, die vor und nach ihm nur vier weiteren Männern im Reich zuteil wurde. Zum anderen, weil Ludwig Wilhelms starke und selbstbewusste Persönlichkeit tatsächlich hinderlich im Umgang mit dem Wiener Hof war, was sich mit zunehmendem Alter immer deutlicher abzeichnete.

Ludwig Wilhelm speiste sein Selbstbewusstsein und die Stärke, dem Kaiser ohne Furcht die Stirn zu bieten, aus seinem Berufsethos. Für ihn war es keine leere Formel, das „andere Ich" des Kaisers als Generalleutnant mit aller militärischer Kommandogewalt auf Lebzeit zu sein, und er beanspruchte überall den Respekt seiner Sonderstellung als oberster Feldmarschall des Reichs. Seine Ämter führte er gewissenhaft, streng und gerecht gegen sich und andere aus. Er lehnte es ab, am Hofe zu katzbuckeln oder sich auf Intrigenspielereien einzulassen. Seine Einschät-

Pflichtbewusst bis zuletzt

zungen und Empfehlungen und auch seine Wünsche brachte der Markgraf ohne höfische Liebdienerei gerade heraus hervor. Dies sollte in seinen letzten Lebensjahren zu äußerst bedrückenden Auseinandersetzungen mit dem Kaiser führen.

Streit mit Marlborough und Kaiser Joseph

Nach dem siegreichen Feldzug von 1704, in dem Habsburg seinen ständigen Feind, den Kurfürsten Max Emanuel von Bayern, endgültig ausschalten und Landau erobern konnte, sank die Bedrohung durch die Franzosen erheblich. Am Oberrhein konnte die Bevölkerung aufatmen.

Ludwig Wilhelm ging daran, die Grenzen des Reiches zu sichern, und wollte endlich seine Verwundung, die er sich am Schellenberg zugezogen hatte, auskurieren. Doch am Wiener Hof hatte man andere Pläne. Lord Marlborough, von der Niederlage Frankreichs beflügelt, wollte den günstigen Umstand nutzen, um Frankreich nun endgültig zu schlagen, und schlug eine Offensive zwischen Mosel und Saar vor. An dieser Offensive sollte auch Ludwig Wilhelm mit einem großen Teil seiner Armee teilnehmen. Kaiser Leopold I. setzte seinen Generalleutnant davon in Kenntnis. Ludwig Wilhelm lehnte diesen Plan jedoch kategorisch ab, denn sein Abzug vom Oberrhein würde einer Einladung an die Franzosen zum Angriff gleichkommen.

Rheinverlauf zwischen Hügelsheim und Stollhofen mit eingezeichneten Verschanzungen. Carte que presente le terrain entre Stollhofen, Hügelsheim et le Rhin avec les lignes et nouvelles Ouvrages faites depuis l'anne MDCCVI. Aquarellierte Federzeichnung, 1. Viertel 18. Jahrhundert. © Kreisarchiv Rastatt

Mitten in diesen Diskussionen verstarb Kaiser Leopold I. am 5. Mai 1705. Ludwig Wilhelm hatte dem Kaiser trotz aller Differenzen viel zu verdanken. Schließlich wäre er ohne den Posten des Generalleutnants nur ein unbedeutender Landesherr eines kleinen, tief verschuldeten Fürstentums geblieben. Allein aus seinem Land heraus hätte der Markgraf niemals eine derart exponierte Rolle spielen können. Natürlich galt dies umgekehrt auch für den Kaiser, in dessen Diensten der Markgraf viel Ruhm und Ehre erfochten, aber auch seine Gesundheit restlos ruiniert hatte. Der Nachfolger von Leopold I., sein Sohn Joseph, hatte zwar eine Zeit lang unter Ludwig Wilhelm gedient, doch schon bald nach seinem Regierungsantritt begann er, sich von dem einst verehrten „Türkenlouis" abzuwenden. Dieser erinnerte ihn mittlerweile an seinen verstorbenen Vater, ewig zögerlich und unentschlossen. Joseph steckte voller Energie und Tatendrang wie Marlborough und Prinz Eugen. So zeugt es nicht gerade von Takt Kaiser Josephs, den Markgrafen am 6. Mai nicht nur über den Tod seines Vaters zu informieren, sondern ihn gleichzeitig fast ultimativ dazu aufzufordern, *„den Intentiones und operationes der Alliierten in sonderheit des My Lord Duc de Marlborough zu bequemen"*. Ludwig Wilhelm musste sich fügen. Wie Kaiser Joseph im nachhinein einsehen musste, hatte er das Verhalten seines Generalleutnants fehlgedeutet, denn was er als zögerlich und unentschlossen interpretierte, war in Wahrheit die Umsicht und Bedachtsamkeit eines in der Kriegskunst erfahrenen Mannes.

Am 8. Juni 1705 brach der Markgraf von Rastatt nach Trier auf. Der Marsch zog sich in die Länge, es fehlte an Proviant, und Dauerregen machte die Wege unpassierbar. Zudem sah sich der Markgraf mit der bitteren Realität konfrontiert, dass die schwäbischen und fränkischen Reichskreise nach den letzten Feldzügen nun nicht mehr zu großen finanziellen und logistischen Beiträgen zu bewegen waren. Zu allem Unglück erkrankte Ludwig Wilhelm und fiel für Wochen aus. Seine Wunde am Oberschenkel hatte sich entzündet und war wieder aufgebrochen. Die Koordination zwischen Marlborough und Ludwig Wilhelm verlief überdies äußerst schlecht und von einem gemeinsamen Handeln konnte nicht mehr die Rede sein, so dass der Engländer schließlich resignieren musste und den Feldzug abbrach, noch bevor er richtig begonnen hatte. Marlborough schob voller Zorn über die verpasste Chance, sich zu profilieren, die Schuld dem Markgrafen zu. Der Kaiser war empört.

Ludwig Wilhelm musste, und konnte auch, in einem langen Rechtfertigungsschreiben an Joseph gute Gründe dafür anführen, dass Marlboroughs Plan ohne Rücksicht auf die logistischen Gegebenheiten gefasst worden war und daher von Anfang nur wenig Aussicht auf Erfolg gehabt hatte. Ludwig Wilhelm konnte sich mit *„dieser neuen Manier"*, Krieg zu führen, nicht anfreunden. Marlboroughs Pläne ließen seiner Ansicht nach bezüglich der kaiserlichen und alliierten Armee im Reich Realitätssinn vermissen. *"Wenn des Krieges sehr Unerfahrene oder Fremde"* ihn verächtlich behandelten, dann stehe dies zwar in *"eines leichtfertigen Maul Willkür"*, doch es gebe für ihn keinerlei Grund, *"sich gegen Jemand Anderen, als meinen Herrn zu einer Entschuldigung zu erniedrigen"*.

Die letzte Offensive

Trotz dieses unerfreulichen Zwischenfalls wurde Ludwig Wilhelms Tatendurst geweckt. Er wollte es noch einmal allen zeigen, wie man nach allen Regeln der Kunst Krieg führte, und hatte zu diesem Zweck vor, im Elsass nochmals offensiv zu werden. Der Markgraf erhielt vom Kaiser seine gewünschten Regimenter und fast wie in alten Tagen trieb er zunächst den auf der rechten Rheinseite brandschatzenden Villars ins Elsass zurück und stand schließlich vor den Toren Straßburgs, hinter die sich Villars zurückgezogen hatte.

Für den Kaiser spielte der Oberrhein jedoch keine große Rolle mehr. Flandern und Italien waren jetzt wichtiger, auch Ungarn. Es ging um habsburgische Großmachtpolitik, und darin kamen Straßburg und Elsass nicht mehr vor. Aber genau darin sah Ludwig Wilhelm seine Pflicht, obwohl ihm diese Aufgabe zusehends zur Qual wurde, da er ständig gezwungen war, sich gegen die kaiserlichen Übergriffe auf seine Person und seine Regimenter zu wehren.

Obwohl das Verhältnis zwischen Kaiser Joseph und dem Markgrafen bis zu seinem Tode getrübt blieb, dachte niemand in Wien ernsthaft daran, Ludwig Wilhelm durch einen anderen General zu ersetzen. Obwohl man in den letzten Jahren seine militärischen Qualitäten kritisierte, war er doch in seiner Stellung gegenüber den Reichskreisen unersetzlich. Der Markgraf war trotz aller Schwierigkeiten als ein *"so unvergleichliches capo bey denen operationen höchst nötig"*, wie Kaiserin Eleonore einmal an die Markgräfin schrieb. Wie sehr man auf ihn angewiesen war, bestätigt die Vollmacht, mit den Reichsständen im Namen des Kaisers zu verhandeln und zur Verbesserung der Kriegsbereitschaft notwendige Verträge abzuschließen. Er möge seinen *"grossen Credit"* bei den Kreisen einsetzen, um diese zu neuen Rüstungen zu bewegen, bat ihn Prinz Eugen 1705 mit dem Wissen, dass eben kein anderer diesen Kredit hatte.

In seinen letzten Lebensjahren gewann für Ludwig Wilhelm die Treue gegenüber den Reichskreisen an Bedeutung, und er sah seine hauptsächliche Aufgabe darin, diese notfalls auch gegen die Interessen Wiens zu verteidigen.

Diese Aufgabe kam dem Idealbild des landesväterlich handelnden Fürsten nahe, der sich im Dienst für das geschundene Vaterland restlos aufrieb. Nicht

Während des Spanischen Erbfolgekrieges verstanden sich die Oberbefehlshaber der alliierten Armeen schlecht. Prinz Eugen, der Duke of Marlborough und Markgraf Ludwig Wilhelm zu Pferd. Kupferstich um 1700. © Stadtarchiv Baden-Baden

umsonst wurde immer dann, wenn man ihm von Seiten eines Kreises oder einzelnen Standes Dank aussprechen oder ihm schmeicheln wollte, sein *„patriotischer Eifer"* gerühmt. Ludwig Wilhelm nahm bis in die letzten Lebenswochen hinein seine Pflichten wahr. Sicher war es ein Fehler, dass Ludwig Wilhelm seine am Schellenberg erlittene Verwundung nicht voll ausheilen ließ. Darüber hinaus zehrten die ständigen Vorwürfe des Kaisers an seinen Nerven. Er spürte, dass er nicht mehr lange zu leben hatte.

Auf dem Totenbett

Am 31. Oktober 1706 reichte er sein endgültiges Entlassungsgesuch ein. Kaiser Joseph, der wie Lord Marlborough nicht an seinen schlechten Gesundheitszustand geglaubt hatte, musste nun einsehen, dass der Markgraf ihm nichts vorgespielt hatte. Der Brief, den er daraufhin seinem Generalleutnant am 24. No-

Pflichtbewusst bis zuletzt

Ludwig Wilhelm fand seine letzte Ruhestätte 1707 in der Baden-Badener Stiftskirche. Das pompöse Grabmal ließ sein Sohn Ludwig Georg erst vier Jahrzehnte später errichten. Grabmal von Markgraf Ludwig Wilhelm in der Baden-Badener Stiftskirche. Von Johannes Schütz und Thomas Heilmann 1753.   © Foto M. Hoffmann

vember schickte, ist so etwas wie ein vorgezogener Abschied von einem sterbenden Mann. Es war ein schöner, versöhnlich stimmender Brief, der Ludwig Wilhelm trotz allem gefreut haben dürfte.

Anfang Januar 1707 drängte es den gläubigen Katholiken Ludwig Wilhelm danach, noch ein letztes Mal zu beichten, doch dieser Wunsch wurde ihm fast verwehrt. Der Franziskanerpater, der an das Sterbebett des Markgrafen kam, verweigerte Ludwig Wilhelm die Absolution, da dieser nicht-katholische Religionen in seiner Residenzstadt dulde. Todkrank raffte sich der Markgraf noch mal auf und warf den Mönch hinaus. Der Franziskaner bezog seinen Vorwurf auf den protestantischen Leibarzt Ludwig Wilhelms, Dr. Christian Ludwig Göckel, der ihm seit 1702 diente. Obwohl sich Göckel vor seinem Antritt als Arzt ausdrücklich freie Glaubensausübung hatte zusichern lassen, sah er sich seit seiner Ankunft in Rastatt ständigen Anfeindungen wegen seiner Konfession ausgesetzt. Der Türkenlouis nahm ihn deshalb in Schutz. Er war Katholik, aber kein engstirniger Fanatiker. Davor hatte ihn schon sein Vater, Markgraf Ferdinand Maximilian, gewarnt.

Man schickte wieder einen Boten ins Franziskanerkloster und schließlich eilte der Vorsteher des Klosters, von dem Benehmen seines Mönchs peinlich berührt, herbei. Er nahm Ludwig Wilhelm die Beichte ab und sprach ihn von den Sünden los. Einige Tage später, am Abend des 4. Januar, starb der Markgraf Ludwig Wilhelm von Baden im Alter von 52 Jahren. Die Trauerfeierlichkeiten für Ludwig Wilhelm fanden in der Badener Stiftskirche mit gewaltigem Pomp statt. Die Inschrift der Dankessäule, die im Namen des Reiches aufgestellt wurde, lautet: *„Dem großen Heerführer und des Reiches Sicherheitsschützer, als dem es sehr viel schuldig, hat diesen in Trauern dargesetzt das römische Reich."*

Auf der französischen Gegenseite wurde sein Tod ebenfalls mit Trauer und großem Respekt für seine herausragenden Leistungen teilnahmsvoll entgegengenommen. Der Duc de Saint Simon, der selbst an den Feldzügen am Rhein teilgenommen hatte und den Markgrafen aus nächster Nähe beobachten konnte, schrieb in seinem vielbändigen Memoirenwerk über den badischen Markgrafen: *„Anno 1707, in diesem Jahr starb ein kleinerer Prinz (un moindre prince), aber von größtem Ruf."* Saint Simon schildert dann die militärischen Verdienste und schließt mit den Worten: *„Er galt als einer der größten Führer seines Jahrhunderts."*

Eine barocke Fürstin

Sibylla Augusta als Regentin der Markgrafschaft Baden-Baden

von Gerlinde Vetter

Die Hinterlassenschaft des Markgrafen Ludwig Wilhelm

Sibylla Augusta (geboren 1675), Tochter des Herzog Julius Franz von Sachsen-Lauenburg, wuchs in Schlackenwerth auf und heiratete 1690 Ludwig Wilhelm, den Markgrafen von Baden. Obwohl es eine Heirat aus Staatsraison war – denn der Markgraf wurde für seine militärischen Verdienste von Kaiser Leopold I. mit dieser guten Partie belohnt –, so scheint doch gegenseitige Liebe im Spiel gewesen zu sein.

Sibylla Augusta stand ihrem Gemahl in guten und schlechten Zeiten zur Seite. Sie erlebte mit ihm seinen glanzvollen Aufstieg als Militärführer, aber auch die Tragik seiner Aufopferung für Kaiser und Reich und hat seine schwere Krankheit, Folge einer Kriegsverletzung, mit ihm getragen.

Als sich sein Gesundheitszustand zunehmend verschlechterte, verfasste Ludwig Wilhelm im Oktober 1706 sein Testament, damit – wie es darin heißt – die Nachkommen *„drey Printzen und eine Printzessin … so viel möglich versorgt, unser fürstenthumb, Graf-, Herrschaft und Landen in guter ordnung ohnzertrent erhalten auch unfried und unruhe, zwiespalt und uneinigkeit unserem vermögen nach abgewandt werden möge."* Das Testament regelt die Übergabe der Markgrafschaft, des Vermögens und der Rechte an seine nächsten Erben, die drei Prinzen Ludwig Georg, Wilhelm Georg, August Georg und die Prinzessin Augusta Maria Johanna.

Zum direkten Nachfolger bestimmte Ludwig Wilhelm seinen ältesten Sohn Ludwig Georg gemäß dem traditionellen Recht der Primogenitur, wonach der älteste Sohn die Regentschaft über die Markgrafschaft und die böhmischen Herrschaften übernehmen sollte. Das verbliebene Kapital von 426.500 Gulden sollte *„zur Bestreitung zu Unserer hohen Notwendigkeit, Frommen und Nutzen"* und zur Abzahlung der Schulden verwendet werden. Für die Zeit der Minderjährigkeit des Erbprinzen bestimmte Ludwig Wilhelm seine Gemahlin Sibylla Augusta zur Oberlandsregentin und Vormünderin der vier Fürstenkinder.

Zur Unterstützung der zukünftigen Regentin setzte Ludwig Wilhelm in seinem Testament zwei Vormünder über die unmündigen Kinder ein: *„Johann Wilhelm Pfaltzgrafen beim Rhein, des Heil. Röm. Reichs Ertzschatzmeister undt Churfürsten in Bayern ... und Leopold Joseph Carl Hertzog zu Lothringen"*. Er bat sie: *„... unserer frau Gemahlin Lbd. in anliegenheiten mit Rath und Thadt, ersprießlichen beystandt zu leisten ... dießen Unserer Letzten willen zur execution zu bringen, Unßeren Söhnen und Töchtern, wie auch der landt und Leuth wohlfahrt nutzen und frommen beobachten, und waß immer zu der uhralten fürstlichen Häußer der Marggrafen zu Baaden aufrecht haltung flor undt wachßthumb gereichen mag, wiederfahren zu lassen ..."*

Die Geheime Ratsregierung, der Kammer-Rat, die Kanzleiordnung und alle übrigen Verordnungen sollten, bis der Erbprinz Ludwig Georg die Regierung übernehmen würde, unverändert beibehalten werden. Die Räte *„sollten mit bisher geschehenen Treue, Eifer, Sorgfalt und Fleiß fortfahren, dem Nachfolger dienen und unter der Zeit der Minderjährigkeit gegen die Gemahlin als Oberlandsregentin und Vormünderin ihren Rat mitteilen und ihr die Bürde der Verwesung und Administration erleichtern"*.

Schließlich erließ der sterbenskranke Markgraf eine *„väterliche Erinnerung und Mahnung"* an die vier Kinder, dass sie *„der Frau Mutter zeitlebens Gehorsam, Respekt, Liebe zuwenden, sie nicht beleidigen, sondern ehren, hochachten, sich gegenseitig als Geschwister lieben, gemeinsamen Nutzen und Wohlstand suchen und befördern und Mißhelligkeiten, Streit und Unwillen vermeiden, immer gütliche Einigungen anstreben [sollen]"*.

In diesem Sinne empfahl er eindringlich, ein gutes Verhältnis zu den Verwandten in Baden-Durlach herzustellen, und *„die zur conservation des fürstlichen Hauses nötige Correspondenz, Verständnis und Einigkeit herzustellen und Gialousie [Eifersucht] und ombrage [Trübung] aus dem Weg zu räumen, so daß die hochfürst-*

Eine barocke Fürstin

Schloss Favorite wurde von Sibylla Augusta ab 1710 erbaut. In dem Sommer- und Lustschloss fanden auch ihre kostbaren Porzellan-, Glas- und Fayencesammlungen Platz. Schloss Favorite. Rastatt-Niederbühl-Förch. © *Foto: M. Hoffmann*

lich marggräflichen badischen Häuser durch die zusammenspannenden Kräfte desto considerabler werden mögen." Zur Vollstreckung des Testaments ersuchte er den Kaiser selbst, dieses zu *„executiren"* und die *„Administration und Vormundschaft zu confirmieren"*.

Das Testament wurde am 11. Januar 1707 durch den Geheimen Rat und Hofratsdirektor Baron von Forstner eröffnet. Während der Verlesung fiel Augusta Sibylla nach einem Bericht des ebenfalls anwesenden baden-durlachischen Hofmarschalls von Gemmingen *„von der betrübnis überwältigt"* in Ohnmacht. Von Gemmingen versicherte in seiner Ansprache die Fortsetzung des guten Verhältnisses beider Häuser.

Das Testament gab der zukünftigen Oberlandsregentin als „Verweserin" der Markgrafschaft die notwendigen Anweisungen an die Hand und stattete sie mit allen Vollmachten aus. Sibylla Augusta betrachtete es als Vermächtnis des Markgrafen und war bemüht, die Wünsche und Vorstellungen ihres Gemahls in der Zeit ihrer Regentschaft zu verwirklichen.

Zentrale Anliegen bei ihrer Regierungsübernahme waren demnach die gewissenhafte Verwaltung der Hinterlassenschaft, die Abzahlung der Schulden, die gute Erziehung der Fürstenkinder, die Erhaltung und Vermehrung des Ansehens der Markgrafschaft und die Wiederherstellung der Wohlfahrt von Land und Leuten während und nach den Kriegsjahren.

Sibylla Augusta als Witwe und Regentin

Nach dem Tod des Markgrafen ging der Spanische Erbfolgekrieg mit unverminderter Härte weiter. Im Mai 1707 drangen die französischen Truppen über die „Bühler Linien" in die Markgrafschaft ein, verwüsteten das Land und verlangten von der Markgräfin hohe Kontributionszahlungen. Sibylla Augusta schrieb an den Kurfürsten von der Pfalz im November 1707: *„Da sich indessen gedachter Marggrafschaft pitoyabler Nothstand durch die beständig so freundt als feindlich Contributions-Erpressungen sehr grossen Heu- und Fruchtlieferungen und in Summa derley grundtverderblichen ecationen dergestalten vergrössert, das bereits viel hundert Underthanen den Bettelstab nachziehen, der noch wenige Überrest aber, wo der Allerhöchste nicht bald Rettung schicket, denenselben notwendig wirdt folgen müssen."*

In einem Hilferuf an Kaiser Joseph schilderte sie die Situation ihrer Markgrafschaft und beschwor ihn, ihr zu helfen, um zu verhindern „*... daß die Nachwelt den undergang eines solchen Hauses [gemeint ist die Markgrafschaft Baden-Baden] so von Eurer Mayestät und des publicums mit aufopferung Haab, gut und bluths so wirksamen dienst empfangen, bewundern und beklagen müssten*". Der Kaiser in Wien legte der Markgräfin nahe, sich in der Zeit des Krieges mit ihrem Hofstaat nach Schlackenwerth zurückzuziehen, doch die Markgräfin wollte ihr Land gerade jetzt in der schweren Zeit nicht im Stich lassen, sondern ihrer Aufgabe als Regentin gerecht werden.

Sie flüchtete mit dem Hofstaat nach Ettlingen. In der Kriegszeit musste sie die markgräfliche Hofhaltung stark einschränken. Sie übernahm 1711 die von ihrem Gemahl erlassene Kanzleiordnung, 1714 die Rangordnung und andere bestehende Verordnungen, straffte aber die Verwaltung. Die Markgräfin ernannte Freiherr Carl Ferdinand von Plittersdorf zum Hofkammer-Präsidenten und Gesandten an den lothringischen und pfälzischen Hof. Baron von Forstner wurde von ihr zeitweise als Gesandter nach Wien geschickt, 1708 jedoch entlassen.

Nach dem Frieden von Rastatt 1714, den der französische Marschall Villars und Prinz Eugen von Savoyen im Rastatter Schloss vereinbarten, konnte Sibylla

Eine barocke Fürstin

Augusta an den Wiederaufbau der vom Krieg zerstörten Markgrafschaft und die Entschuldung des Landes gehen. Sie war um eine zügige Rückzahlung der Haus- und Landesschulden, der Zinsen und der rückständigen Besoldungen bemüht. Zur Abzahlung ihrer Schulden sah sie sich gezwungen, auch Kleinodien und kostbaren Schmuck zu veräußern. Jahrelang verhandelte sie mit dem Wiener Hof, um von Kaiser Joseph I. die ihr versprochenen Entschädigungszahlungen zu erhalten, konnte aber erst 1721 von dessen Nachfolger Karl VI. einen Teil der ihr eigentlich zustehenden Summe bekommen.

Nach der Gesundung des Staatsbudgets kam die Zeit ihrer eigenen Selbstvollendung durch Bautätigkeit, Kunstsammlungen und barocke Festgestaltung als Ausdruck neuen Lebenswillens. Der Bau des Residenzschlosses wurde fortgesetzt. Jedoch entließ Sibylla Augusta den von Ludwig Wilhelm mit dem Bau beauftragten Architekten Domenico Egidio Rossi und die italienischen Künstler und bestellte Michael Ludwig Rohrer aus Böhmen als ihren Baumeister an den Hof in Rastatt. Sie betrieb den Wiederaufbau der Stadt und der Modellhäuser nach dem neuen Plan Rohrers und sorgte damit für Arbeit und Brot für ihre Untertanen.

Die Markgräfin ließ Schulen und weltliche und kirchliche Bauten von künstlerischem Wert errichten. Es entstanden in rascher Folge: ab 1710 Schloss Favorite, 1715 Einsiedler-Kapelle in Rastatt, 1719–21 Schlosskirche in Rastatt, 1720–21 Jagdhaus auf dem Fremersberg, 1721–22 Lorettokapelle in Rastatt, 1722 Pagodenburg, 1728–31 Ausbau des Schlosses in Ettlingen mit der Schlosskirche.

Ab 1710 war Sibylla Augusta mit dem Bau des Sommer- und Lustschlosses Favorite beschäftigt, ihrem „Porzellan-Schlösschen", das sie liebevoll im böhmischen Barockstil ausstatten ließ. Franz Pfleger aus Schlackenwerth machte die Entwürfe für die Gestaltung der Decken, Böden und Wände mit stilvollen Blumenornamenten, und die Markgräfin selbst reicherte die Räume mit kostbaren Kunstschätzen auch aus dem Ausland an, wie zum Beispiel Tapeten und Porzellan aus China und Pietra-Dura-Arbeiten aus Italien.

Das Schloss diente als Sommeraufenthalt, solange die Markgräfin die Regentschaft führte und in Rastatt residierte, aber auch als illustrer Ort für die Familienfeste, die Geburts- und Namenstage, Hochzeiten, Taufen und die späteren Lustjagden Ludwig Georgs.

Die im Spiegelkabinett ausgestellten Kostümbilder, auf denen die Markgräfin mit ihrem Gemahl und ihren Kindern in verschiedenen Maskenkleidern dargestellt wird, erinnern an unbeschwerte Tage, die das Markgrafenpaar bei Kostümfesten erlebt hatte.

Freiherr Carl Ferdinand von Plittersdorf (1633 – 1727), der bereits einer der engsten Mitarbeiter Ludwig Wilhelms war, diente Sibylla Augusta während ihrer gesamten Regentschaft als Präsident der Hofkammer. Ölgemälde. Undatiert, wohl 1710. Unbezeichnet.
© Stadtmuseum Rastatt

Von Bedeutung war die Rastatter Hofkapelle unter dem Hofkapellmeister Johann Caspar Ferdinand Fischer, welche die Markgräfin 1715 zur Gestaltung des musikalischen Rahmens der Gottesdienste und höfischen Feste einrichtete.

Die Erziehung der Prinzen und der Prinzessin lag der Markgräfin besonders am Herzen. Von neun Kindern, die sie zur Welt gebracht hatte, überlebten zunächst nur vier. Nachdem 1709 ihr Sohn Wilhelm Georg gestorben war, kümmerte sie sich noch intensiver um die ihr verbliebenen drei Kinder Ludwig Georg (geb. 1702), Augusta Maria Johanna (geb. 1704) und August Georg (geb. 1706). Große Sorgen machte ihr der Erbprinz Ludwig Georg, der bis zu seinem 7. Lebensjahr stumm war und erst nach der Wallfahrt der Markgräfin mit dem Prinzen nach Maria Einsiedeln (1710) sprechen konnte.

Die Erziehung führte Sibylla Augusta in eigener Regie aus. Sie erließ strenge Vorschriften hinsichtlich der Beachtung des höfischen Zeremoniells und der religiösen Pflichten der Prinzen. Zur Unterweisung der Prinzen waren der Jesuitenpater Gerardus Stock für den Erbprinzen Ludwig Georg und Pater Flender für Prinz August Georg zuständig.

1715 ließ die Markgräfin den Piaristenorden aus Böhmen nach Rastatt kommen. Das Anliegen des in Böhmen 1666 gegründeten Schulordens war die unentgeltliche Erziehung der Jugend und deren Unterweisung in den Fächern Rhetorik, Philosophie und Musik. Hofprediger wurde der Piaristen-Pater Vincentius. Pater

Medardus übernahm nun die Erziehung bei Ludwig Georg und Pater Anselmus bei August Georg. 1715 legten die beiden Prinzen vor mehreren Hofräten und Geistlichen ein erfolgreiches Examen in lateinischer und deutscher Grammatik ab.

Die Fürstin maß auch den Kavaliersreisen ihrer Söhne eine große Bedeutung bei. Die Prinzen sollten andere Höfe und das dort praktizierte Zeremoniell sowie gewandtes höfisches Benehmen kennenlernen. Sorgfältig wählte sie die Reisebegleiter der Prinzen aus und verfasste eigenhändig die Instruktionen für den Reiseverlauf.

Der Erbprinz Ludwig Georg schloss mit 17 Jahren seine Ausbildung mit einer Wallfahrt nach Rom in Begleitung seiner Mutter ab, reiste dann aber vor seiner Heirat 1721 noch einmal über die rheinischen Fürstentümer in die Niederlande und nach Belgien. Nach seiner Heirat mit Maria Anna von Schwarzenberg befasste er sich zur Vorbereitung auf seine spätere Regierungstätigkeit unter Anleitung des Hofrats Nagel mit Verwaltungskunst, Rechtskunde und Geschichtswissenschaft.

Für August Georg stellte sich die Markgräfin eine geistliche Laufbahn mit fürstlichem Rang vor, was in ihren Augen das Ansehen des markgräflichen Hauses erhöhen sollte. Der Prinz musste demnach ein theologisches Studium in Siena und Rom absolvieren. Jedoch widerstrebte ihm die Ausübung eines geistlichen Amtes. Mit viel Mühe brachte er es schließlich bis zum Domherrn in Augsburg, liess sich aber nach dem Tod der Markgräfin von seinem geistlichen Amt dispensieren und heiratete schließlich die Herzogin Maria Viktoria von Aremberg.

Prinzessin Augusta Maria Johanna bekam ebenfalls Unterweisungen, sie wurde aber vor allem zu Frömmigkeit und Demut erzogen und trat erst mit ihrer Verheiratung mit dem Herzog von Orléans ins Blickfeld der Öffentlichkeit.

Ab 1720 trat der Kardinal und Bischof von Speyer Damian Hugo von Schönborn als Ratgeber der Markgräfin bei der Erziehung der beiden Prinzen und der Prinzessin auf und beriet die Markgräfin bei den Heiratsprojekten der Fürstenkinder.

Hauspolitik und Hofhaltung

„Opportune Heiraten stiften ist allezeit ein so wichtig Geschäft gewesen als Bataglien zu gewinnen ..." Diese bekannte Äußerung von Freiherr von Bluhm zeigt, für wie wichtig Heiraten zwischen den Fürstenhäusern gehalten wurden. Mithilfe einer klugen Heiratspolitik bei ihren Kindern trachtete auch die Markgräfin danach, die politische Stellung des Hauses Baden zu sichern und auszubauen und somit dem Fürstenhaus Macht und Geltung zu verschaffen.

Eine barocke Fürstin

Um ihre Kinder standesgemäß zu verheiraten, machte sie ihren ganzen Einfluß als Mutter und Regentin geltend. Sie brachte ihren Sohn Ludwig Georg von seiner Liebe zu der polnischen Königstocher Maria Leszczynska ab, die seit 1718 mit ihren Eltern, dem polnischen König Stanislaw Leszczynski und dessen Gemahlin in Weißenburg im Exil lebte; denn sie hielt einerseits den erst 16-jährigen Erbprinzen noch für zu jung für eine Heirat, andererseits schien ihr diese Prinzessin zum damaligen Zeitpunkt keine gute Partie für ihren Sohn zu sein.

Die Markgräfin ging bei der Wahl der passenden Heiratskandidatin für ihren Sohn wahrscheinlich auf einen Wink des Kaisers ein, der ihr Maria Anna von Schwarzenberg, die einzige Tochter des zwar nicht regierenden, aber sehr begüterten Reichsfürsten von Schwarzenberg, als passende Gemahlin für den Erbprinzen vorgeschlagen haben dürfte. Diese Prinzessin konnte eine stattliche Mitgift in die Ehe bringen und versprach als Universalerbin des Fürstenhauses von Schwarzenberg noch einen Zugewinn für das Haus Baden.

Ludwig Georg lernte die Braut auf dem Weg nach Wien kennen und erklärte sich mit der Heirat einverstanden. Nachdem die Markgräfin die Einwilligung des Kaisers und des Herzogs von Lothringen eingeholte hatte, wurde der Ehepakt ausgehandelt. Am 18. März 1721 fand die Vermählung des Paares in der Residenz des Fürsten von Schwarzenberg in Krummau in Böhmen statt. Das Fest dauerte eine Woche. In Rastatt wurde die Heimführung der Braut noch einmal sieben Tage lang mit großem Prunk gefeiert. Eingeladen waren die benachbarten Verwandten von Baden-Durlach. Nach dem feierlichen Einzug der Braut wurde die *„copulation"* bei einem feierlichen Gottesdienst in der Hofkirche zelebriert. Der öffentlich gehaltenen Fürstentafel folgten auserlesene Divertissements, und schließlich wurden die Solennitäten mit einem Aufenthalt im Schloss Favorite und einer abschließenden Illumination gekrönt.

Danach lud Markgraf Carl Wilhelm von Baden-Durlach die Hochzeitsgesellschaft noch einmal fünf Tage lang zu einem Fürstenlager in die Residenz in Karlsruhe ein, wo unter anderem eine sogenannte „Nationenwirtschaft" mit Kostümierung in der Opera abgehalten wurde. Der Markgraf von Baden-Durlach und die Markgräfin Sibylla Augusta von Baden-Baden demonstrierten dabei den Glanz und die Eintracht ihrer beiden Fürstenhäuser. Neben den barocken Prachtbauten und Kunstsammlungen dienten solche Feste in der europäischen Fürstengesellschaft als Mittel zur Repräsentation und fürstlicher Selbstdarstellung.

Zur Geburt der Tochter Ludwig Georgs und seiner Gemahlin, Elisabeth, wurde 1726 in Rastatt eine fürstliche Tauffeier mit Maskeraden und Bällen veranstaltet. Die zwei ersehnten männlichen Nachfolger, die 1728 und 1736 geboren wurden, starben jedoch schon im Kindesalter.

Auch für ihre Tochter Augusta Maria Johanna wünschte sich die Markgräfin eine standesgemäße und lukrative Heiratspartie. Der erste Bewerber, Prinz Alexander Ferdinand von Thurn und Taxis, der über das Haus Schwarzenberg ins Spiel gekommen war, wurde nach längeren fruchtlosen Verhandlungen von einem zweiten Bewerber höheren Ranges aus dem Feld geschlagen.

Es war der Herzog Louis von Orléans, Sohn des verstorbenen Herzogs und französischen Regenten Philipp von Orléans, Großneffe Ludwigs XIV. In diesem Fall lockte die Markgräfin der „Glanz des französischen Hofes", während die französische Partei sich auf die *„früheren Allianzen, die das Haus Baden mit dem französischen Königshaus gemacht hat"*, berief. Das Haus Orléans erwartete allerdings in erster Linie gesunde männliche Nachkommen aus einer Ehe ihres Sohnes mit der badischen Prinzessin. Obwohl die Prinzessin dem Heiratsprojekt zunächst heftigen Widerstand entgegensetzte, wurde die Heirat aus Gründen der Staatsraison und schließlich auch mit Einwilligung der Prinzessin vollzogen.

Die europäischen Fürstenhäuser waren über die geplante Allianz beunruhigt, weil sie in Erinnerung des Pfälzischen Erbfolgekrieges spätere kriegerische Erbschaftsauseinandersetzungen befürchteten. Dementsprechend schwierig gestalteten sich die Verhandlungen über den Ehevertrag. Jedoch gelang es der Markgräfin in Zusammenarbeit mit ihrem Berater Kardinal Damian Hugo von Schönborn, durch die Aufnahme einer beiderseitigen Renuntiationserklärung in

Sibylla Augusta ließ den Bau der von Ludwig Wilhelm vorgesehenen Modellhäuser fortsetzen. Die meisten entstanden erst in ihrer Regierungszeit. Ettlingen. Modellhaus in der Hirschgasse.
© *Foto: M. Hoffmann*

den Vertrag die Gefahr späterer französischer Besitzansprüche auf die Markgrafschaft zu bannen.

Die Vermählung wurde am 18. Juni in Rastatt und – wie häufig in Fürstenhäusern üblich – „per procurationem" (in Stellvertretung) gefeiert, das heißt, der Bruder der Prinzessin, Ludwig Georg, vertrat die Stelle des abwesenden Herzogs von Orléans als Bräutigam. Das Hofzeremoniellbuch der Markgräfin gibt einen detaillierten Bericht über den Ablauf der *„Copulation"* und des *„Beilagers"* sowie die Festtafeln und die anschließenden Divertissements. Um die Bedeutung der Eheverbindung zu unterstreichen, wurde beim feierlichen Auszug der Herzogin von Orléans von Rastatt nach Straßburg ein besonderes Zeremoniell durchgeführt. Die badische Prinzessin wurde dabei mit ihren Hofmeisterinnen bei Kehl in Chaisen über die Rheinbrücke getragen.

Von Straßburg aus ging der Hochzeitszug über Chalons-sur-Marne, wo die Prinzessin zum ersten Mal mit ihrem Bräutigam, dem Herzog Louis von Orléans, zusammentraf, in dessen Karossen weiter bis nach Paris. Dort wurde sie dem französischen König Ludwig XV. vorgestellt.

Die Herzogin lebte allerdings nur zwei Jahre mit ihrem Gemahl im Palais Royal in Paris. Schon 1725 brachte sie den gewünschten Nachfolger, Louis Philipp Herzog von Chartres, zur Welt. Im darauf folgenden Jahr jedoch starb Augusta Maria Johanna bei der Geburt ihres zweiten Kindes am Kindbettfieber. Die Markgräfin empfand offenbar schwere Reue darüber, dass sie ihre Tochter dem Glanz des französischen Hofes geopfert hatte. Sie zog sich nun häufiger als zuvor zu Bußübungen in die Magdalenen-Kapelle im Park ihres Schlosses Favorite zurück.

Die fromme katholische Fürstin

Wie das Haus Habsburg und andere katholische Fürsten ihrer Zeit betrieb auch 200 Jahre nach der Reformation die Markgräfin mit allen Mitteln die Rekatholisierung ihres Landes. Weil sie hart gegen ihre protestantischen Untertanen in der Vorderen Grafschaft Sponheim vorging, musste sie Kaiser Karl VI. 1722 ermahnen, die Festsetzungen des Augsburger Religionsfriedens zu beachten. Sibylla Augusta selbst gilt als überaus fromme Fürstin, auch wenn in späteren Epochen manche Gerüchte über ihre prunkvollen Feste verbreitet wurden. Nach dem Tod ihres Gemahls erscheint die Markgräfin auf den Gemälden stets in ihrer Witwentracht. Es wird angenommen, dass sie ihr Leben in Enthaltsamkeit und religiöser Inbrunst verbrachte.

Ihr Beichtvater, der strenge Jesuitenpater Josef Mayr, hielt sie zu einem frommen Lebenswandel an. Er verlangte von ihr, dass sie wertvolle Gemälde von

Rubens und anderen Malern, die er für anstößig hielt, verbrannte. 1717 nahm die Markgräfin an der von den Jesuiten veranstalteten Bußprozession „Büßen oder Brennen" in Rastatt teil, bei der auch Selbstgeißelungen vorgenommen wurden.

Ab 1720 hatte Kardinal Damian Hugo von Schönborn, der im Schloss in Bruchsal residierte und in freundschaftlicher Beziehung zur Markgräfin stand, großen Einfluß auf sie und verhalf ihr zu einem vertieften Sündenbewußtsein. Die Markgräfin unternahm aus eigenem Antrieb Wallfahrten nach Rom, Maria Einsiedeln in der Schweiz, Waghäusel, Triberg und Bickesheim und tätigte in diesem Zusammenhang zahlreiche Spenden und Stiftungen an Kirchen und Klöster. Sibylla Augusta gehörte verschiedenen Orden an. Von ihrer Wallfahrt nach Rom brachte sie heilige Reliquien mit, die sie in ihrer Hofkirche feierlich einsetzen ließ.

Die Markgräfin erfüllte das einst von ihr und ihrem Gemahl abgelegte Gelübde, eine Kirche zu errichten, wenn dem Fürstenpaar der ersehnte männliche Nachfolger geschenkt würde. Sie ließ ab 1719 die Heilig-Kreuz-Kirche erbauen, die von angesehenen Künstlern ausgestaltet und 1723 feierlich eingeweiht wurde.

Als ihr Sohn, Markgraf Ludwig Georg, 1727 mit 25 Jahren die Regierung übernahm, zog sich die Markgräfin auf ihren Witwensitz in Ettlingen zurück. Sie ließ das dortige Schloss und die Hofkirche mit großem künstlerischen Sinn neu ausbauen. 1729 feierte sie zum letzten Mal ein chinesisches Fest im engeren Kreis der markgräflichen Familie und einiger Vertrauter.

Ihre letzten Jahre waren der religiösen Verinnerlichung gewidmet. Aus Sorge um ihren Sohn August Georg, mit dessen Lebensführung sie oft nicht einverstanden war, unternahm sie 1730 ihre letzte Wallfahrt nach Maria Einsiedeln. Danach zeichnete sich ihre schwere Krankheit ab, die sie bis zu ihrem Tod aufs Krankenbett verwies. In den letzten Monaten ihres Lebens begleitete sie ihr Beichtvater, der Franziskaner-Pater Prokop Schneider. Am Ende ihres Lebens verfasste er einen Bericht über die Verdienste der Markgräfin, ihre Tapferkeit in ihrem Leiden und ihr glückseliges Sterben.

Die Markgräfin zeichnete sich demnach durch *„allzeit glückliche Regierung, Klug- und Weisheit in der Administration der Justiz, Beständig- und Bescheidenheit in Erhaltung und Beschützung der Unterthanen, sorgfältige Emsigkeit in Abzahlung so vieler rückständiger Schulden ... ungemein mütterlicher Obsorg in recht christlicher und eyfriger Erziehung ihrer fürstlichen Kinder ... und dem Fleiß in Erhöhung des ganzen durchl. Hauses Baden-Baden"* aus. Der Pater hob auch die karitative Seite der Fürstin hervor, die sich in ihrer beständigen Sorge um die Armen und Kranken zeigte. Er lobte ihre Bescheidenheit, Demut und ihre religiöse Inbrunst.

Sibylla Augusta wünschte kein prunkvolles Begräbnis. Im Gewand der Karmeliterin wollte sie in einer Gruft unter der Eingangstür zur Heilig-Kreuz-Kirche in Rastatt begraben werden. Auf der Grabplatte sollte die Inschrift angebracht werden: *„Betet für die große Sünderin Augusta!"*

Die Markgräfin legte in ihrem Testament fest, dass die böhmischen Güter bei einem eventuellen Aussterben der baden-badischen Linie an den Markgrafen von Baden-Durlach übergehen sollten, unter der Bedingung, dass dieser sich zur katholischen Konfession bekennen würde. Sie spendete 50.000 Gulden für die Armen und ordnete 10.000 Seelenmessen und ein Jahr Kammertrauer an.

Sibylla Augusta hat nicht nur ihre Aufgabe als „Verweserin" der Markgrafschaft verantwortungsvoll erfüllt; sie war in ihrem Stand als fürstliche Witwe fähig, eigene staatspolitische Entscheidungen von beachtlicher Tragweite zu fällen. In ihrer Hauspolitik ging sie eigene Wege, die allerdings nicht immer von dem erwünschten Erfolg gekrönt waren. Ihre Stärke lag in der Beständigkeit, mit der sie dem Haus Baden-Baden und den ihr anvertrauten Untertanen diente. Ihrer Initiative verdanken wir eine Reihe im Barockstil erbauter Schlösser und Kirchen, wertvolle Kunstschätze und eine reichhaltige Porzellansammlung. Das Hofzeremoniellbuch, das sie anlegen ließ, zeugt von glanzvollen Festen am Rastatter Hof. Trotzdem hinterließ sie ihren Söhnen geordnete Finanzen. Als barocke Fürstin mit eigener Formensprache hat sie der Zeit ihren Stempel aufgeprägt.

Literaturhinweise

Allgemeine Darstellungen über Ludwig Wilhelm und seine Zeit

Eckert, Helmut: Markgraf Ludwig Wilhelm von Baden-Baden in zeitgenössischen Gedichten und Flugschriften, in: Zeitschrift für die Geschichte des Oberrheins 84, 1932, S. 607–644.
Handbuch der baden-württembergischen Geschichte, hrsg. von Meinrad Schaab und Hansmartin Schwarzmaier, Bd. 1,2, Stuttgart 2000, und Bd. 2, Stuttgart 1995.
Herre, Franz: Prinz Eugen. Europas heimlicher Herrscher, Stuttgart 1997.
Flake, Otto: Der Türkenlouis. Gemälde einer Zeit, Berlin 1937, Neuauflage Frankfurt 1974.
Greiner, Christian: Ludwig Wilhelm. Markgraf von Baden-Baden: 1655–1707, in: Lebensbilder aus Baden-Württemberg 18, 1994, S. 64–94.
Korth, Leonard: Markgraf Ludwig Wilhelm von Baden – der Türkenlouis. Ein Zeit- und Lebensbild, Baden-Baden 1905.
Oster, Uwe A.: Markgraf Ludwig Wilhelm von Baden – Der „Türkenlouis". Feldherr im Schatten von Prinz Eugen, Bergisch Gladbach 2001.
Schmid, Hansjörg: Fürstenglanz und Türkenhaß: das Grabmonument des Türkenlouis in der Stiftskirche zu Baden-Baden, in: Badische Heimat 79, 1999, S. 798–814.
Singer, Friedrich: Der Türkenlouis, Bühl 1937.
Der Türkenlouis. Markgraf Ludwig Wilhelm von Baden 1655–1707. Festgabe seiner Residenzstadt Rastatt zur 300. Wiederkehr seines Geburtstages am 8. April 1955, Karlsruhe 1955.
Der Türkenlouis. Ausstellung zum 300. Geburtstag des Markgrafen Ludwig Wilhelm von Baden im Auftrag der Badischen Kulturgemeinschaft e. V., hrsg. vom Badischen Landesmuseum Karlsruhe, Karlsruhe 1955.
Weech, Friedrich von: Badische Geschichte, Karlsruhe 1890.
Wulfmeyer, Hans: Untersuchungen zum Verhältnis des Markgrafen Ludwig Wilhelm von Baden zum kaiserlichen Hof, Diss. (masch.) Freiburg i. Br. 1961.

Literaturhinweise

Kindheit und Jugend

Greiner, Christian: Fürstenerziehung im Barock. Bildung und Erfahrungen des „Türkenlouis" (1655–1678), in: Zeitschrift für die Geschichte des Oberrheins 150, 2002, S. 209–251.

Krieger, Albert: Zwei Instruktionen des Markgrafen Ferdinand Maximilian von Baden-Baden für die Erziehung seines Sohnes Ludwig Wilhelm, in: Zeitschrift für die Geschichte des Oberrheins 43, 1889, S. 76–89.

Türkenkriege

Hummelberger, Walter: Die Türkenkriege und Prinz Eugen, in: Unser Heer. 300 Jahre österreichisches Soldatentum in Krieg und Frieden, hrsg. von Herbert St. Fürlinger, Wien/München/Zürich 1963, S. 49 ff.

Niemeyer, Joachim: Die Schlacht bei Slankamen am 20. August 1691, in: Der Bote aus dem Wehrgeschichtlichen Museum 29, 1991, S. 36–40.

Röder von Diersburg, Philipp Freiherrr von: Des Markgrafen Ludwig Wilhelm von Baden Feldzüge wider die Türken, 2 Bde., Karlsruhe 1839/42.

Schreiber, Georg: Des Kaisers Reiterei. Österreichische Kavallerie in vier Jahrhunderten. Mit einem Geleitwort von Oberst a.D. Alois Podhajsky, Wien 1967.

Krieg am Oberrhein

Eyseneck, Philipp Karl Baur von: Vertheidigung des Markgrafen Ludwig Wilhelm von Baaden-Baaden, Kaiserl. General=Lieutenant, gegen eine Beschuldigung, die in den Memoiren des Marschalls Catinats von dem Herausgeber derselben ausgesprochen ist, in: Zeitschrift für Kunst, Wissenschaft und Geschichte des Krieges 11, 1827, Heft 8, S. 168–203 u. Heft 9, S. 256–294.

Greiner, Christian: Der „Schild des Reiches". Markgraf Ludwig Wilhelm von Baden-Baden (1655–1707) und die „Reichsbarriere" am Oberrhein, in: Expansion und Gleichgewicht. Studien zur europäischen Mächtepolitik des ancien régime, Berlin 1986, S. 31–68.

Ligne, Charles Joseph de: Mémoires sur les campagnes du prince Louis de Baden en Hongrie et sur le Rhin, 2 Bde., Dresden 1795.

Plassmann, Max: Die Assoziationen der Vorderen Reichskreise zu Beginn des Spanischen Erbfolgekrieges, in: Zeitschrift für die Geschichte des Oberrheins 149, 2001, S. 131–162.

Plassmann, Max: Krieg und Defension am Oberrhein. Die Vorderen Reichskreise und Markgraf Ludwig Wilhelm von Baden (1693–1706), Berlin 2000.

Plassmann, Max: „… so hoerte man heulen, weinen und seuffzen". Landbevölkerung, Obrigkeiten und Krieg in Südwestdeutschland (1688–1713), in: Kroll, Stefan/Krüger, Kersten (Hrsg.): Militär und ländliche Gesellschaft in der frühen Neuzeit, Hamburg 2000, S. 223–249.

Röder von Diersburg, Philipp Freiherr von: Kriegs- und Staatsschriften des Markgrafen Ludwig Wilhelm von Baden über den Spanischen Erbfolgekrieg, Bd. 1: 1700–1703, Bd. 2: 1704–1707, Karlsruhe 1850.

Schulte, Aloys: Markgraf Ludwig Wilhelm von Baden und der Reichskrieg gegen Frankreich 1693–1697, 2 Bde., Heidelberg ²1901.

Storm, Peter-Christoph: Der Schwäbische Kreis als Feldherr. Untersuchungen zur Wehrverfassung des Schwäbischen Reichskreises in der Zeit von 1648 bis 1732, Berlin 1974.

Bemühen um Standeserhöhung

Beese, Christian: Markgraf Hermann von Baden (1628–1691). General, Diplomat und Minister Kaiser Leopolds I., Stuttgart 1991.

Greiner, Christian: Der Eintritt des Markgrafen Ludwig Wilhelm von Baden-Baden in kaiserliche Dienste 1676, in: Zeitschrift für die Geschichte des Oberrheins 132, 1984, S. 227–237.

Zollner, Hans Leopold: Das polnische Abenteuer des Türkenlouis, in: Beiträge zur Landeskunde (Beilage zum Staatsanzeiger für Baden-Württemberg), Nr. 3, Juni 1974, S. 1–4.

Residenz Rastatt

Damoulakis, Kiriakoula: Schloss Rastatt, München/Berlin 2004.

Grimm, Ulrike: Die Dekorationen im Rastatter Schloss 1700–1771, Karlsruhe 1978.

Kircher, Gerda Franziska: Die Einrichtung des Rastatter Schlosses im Jahr 1772, in: Zeitschrift für die Geschichte des Oberrheins 103, 1955, S. 177–249.

Renner, Anna Maria: Der Stadtplan von Rastatt und seine Entwicklung, in: Badische Heimat 1937, S. 312–328.

Passavant, Günter: Studien über Domenico Egidio Rossi und seine baukünstlerische Tätigkeit innerhalb des süddeutschen und österreichischen Barock, Karlsruhe 1967.

Literaturhinweise

Peters, Gerhard: Das Rastatter Schloß, Karlsruhe 1925.
Walter, Martin: Italienische Spuren im Landkreis Rastatt, Stuttgart 2002.

Ludwig Wilhelm als Landesfürst

Boelcke, Willi A.: Wirtschaftsgeschichte Baden-Württembergs. Von den Römern bis heute, Stuttgart 1987.
Carlebach, Rudolf: Eine Hof- und Staatsdienerrangordnung aus der Zeit des Markgrafen Ludwig Wilhelm von Baden-Baden, in: Mannheimer Geschichtsblätter 8, 1907, S. 263–267.
Haebler, Rolf-Gustav: Geschichte der Stadt und des Kurortes Baden-Baden, Bd. 1, Baden-Baden 1969.
Mittelbadische Chronik für die Jahre 1622–1770, hrsg. von Augustin Kast, Bühl 1934.
Stenzel, Rüdiger: Geschichte der Stadt Ettlingen, Bd. 3, Ubstadt-Weiher 1997.
Stiefel, Karl Alexander: Baden 1648–1952, 2 Bde., Karlsruhe 1977.

Markgräfin Sibylla Augusta

Kaack, Hans-Georg: Markgräfin Sibylla Augusta. Die große badische Fürstin der Barockzeit, Konstanz 1983.
Leben und Werk der Markgräfin Franziska Sibylla Augusta. Eine Ausstellung der Stadt Rastatt anlässlich des 250. Todestages der Markgräfin, Rastatt 1983.
Kurzer Bericht von dem tugendreichen Leben, exemplarischen zubereiten zu dem Sterben und gottseligen todt Ihro hochfürstlichen Durchlaucht verwittibten Frau Frau Markgräfin von Baden Baden Francisca Sibylla Augusta, gestorben den 10ten Julius 1733 und entschlafen zu Ettlingen von ihrem Beichtvater (Archiv im Kloster Lichtental, Baden-Baden).
Renner, Anna Maria: Sibylla Augusta Markgräfin von Baden, Karlsruhe [4]1981.
Weiland, Elisabeth: Markgräfin Sybilla Augusta von Baden-Baden. Ein Beitrag zu der Geschichte eines fürstlichen Frauenlebens um die Wende zum 17. Jahrhundert, Diss. Freiburg 1922.

Autorenverzeichnis

Damoulakis, Kiriakoula M. A.
geb. 1971 in Heidelberg
Kunst- und Architekturhistorikerin
wohnhaft in Karlsruhe

Froese, Wolfgang M. A.
geb. 1960 in Forbach/Baden
freier Lektor und Autor
wohnhaft in Bischweier

Lemke, Tatjana Bac.
geb. 1976 in Karlsruhe
Journalistin, Germanistin
wohnhaft in Karlsruhe

Müller, Dr. Marco
geb. 1971 in Rastatt
Historiker am Stadtgeschichtlichen Institut Bühl
wohnhaft in Rastatt

Plassmann, Dr. Max
geb. 1970 in Lüdenscheid
Leiter des Universitätsarchivs Düsseldorf
wohnhaft in Bonn

Vetter, Gerlinde M. A.
geb. 1942 in Stuttgart
Lehrerin im Ruhestand
wohnhaft in Baden-Baden

Walter, Martin
geb. 1966 in Karlsruhe
Kreisarchivar
wohnhaft in Kuppenheim-Oberndorf

Abbildungsnachweis

Badisches Landesmuseum Karlsruhe: Umschlag, S. 25, 39, 42, 54; Generallandesarchiv Karlsruhe: S. 49; M. Hoffmann: S. 100, 105, 111; Kreisarchiv Rastatt: S. 10, 13, 18, 28, 31, 45, 47, 57, 59, 63, 66, 96; Landesmedienzentrum Baden-Württemberg: S. 34, 72; Staatliche Kunsthalle Karlsruhe: S. 15, 23, 37, 88, 91; Stadtarchiv Baden-Baden: S. 83, 85, 99; Stadtarchiv Rastatt: S. 69; Stadtmuseum Rastatt: S. 77, 79, 108.

Register

Die Mitglieder des Hauses Baden-Baden sind der besseren Übersicht wegen unter Baden-Baden, sonstige Angehörige regierender Häuser unter ihrem Vornamen, geistliche Fürsten unter ihrem Nachnamen einsortiert.

Achmed Köprülü, Großwesir 22
Altschweier (Stadt Bühl) 91 f.
Anna von Österreich, Infantin von Spanien, Königin von Frankreich 10
Anna Maria Franziska, geb. Prinzessin von Sachsen-Lauenburg, Großherzogin von Toskana 34 f., 56
Anselmus, Pater, Erzieher 109
Arad 26
Artario, Giovanni Battista, Stuckateur 68
Aschaffenburg 40, 86
Augsburg 109
Baden-Baden, Haus 13 f., 16, 19, 22, 53, 55–57, 59 f., 76, 89, 109–111, 113 f.
Baden-Baden, Markgräfinnen und Markgrafen von:
    Anna (1634–1708) 11
    August Georg (1706–1771) 40, 104, 108 f., 113 f.
    Augusta Maria Johanna (1704–1726), Herzogin von Orléans 40, 104, 108 f., 111 f.
    Charlotte (1696–1700) 38
    Elisabeth Eleonora Augusta (1726–1789) 110
    Ferdinand Maximilian (1625–1669) 7–14, 16–18, 22, 53 f., 89, 101
    Hermann (1628–1691) 11, 13, 18–22, 27, 53, 55, 86, 91
    Karl Bernhard (1657–1678) 11
    Karl Joseph (1697–1703) 38
    Katharina Franziska (1631–1690) 11, 17
    Katharina Ursula (?–1640), geb. Gräfin von Hohenzollern 11
    Leopold Wilhelm (1626–1671) 11, 13, 17, 23
    Leopold Wilhelm (1667–1716) 86
    Leopold Wilhelm (1694–1695) 38
    Louise Christine (1627–1689), geb. Prinzessin von Savoyen-Carignan 9–11, 13
    Ludwig Georg Simpert (1702–1761) 40, 75, 80, 100, 104, 107–110, 112–114
    Luise (1701–1701) 38
    Maria Anna (1706–1755), geb. Prinzessin von Schwarzenberg 109 f.
    Maria Anna Wilhelmine (1655–1702) 11
    Maria Franziska (1633–1702), geb. Gräfin von Fürstenberg 17, 86, 88
    Maria Magdalena (1619–1688), geb. Gräfin von Öttingen 11, 18, 20
    Maria Viktoria (1714–1793), geb. Prinzessin von Aremberg 109
    Sibylla Augusta (1675–1733), geb. Prinzessin von Sachsen-Lauenburg 8, 33–40, 56, 62, 70 f., 75–80, 86, 90, 98, 103–114
    Wilhelm (1593–1677) 9–11, 13, 17–20, 82, 87, 92
    Wilhelm Georg (1703–1709) 40, 104, 108
    Wilhelmine (1699–1702) 38
Baden-Baden, Markgrafschaft 7, 12, 16–20, 33, 35, 43, 56 f., 59, 61, 72–74, 81–94, 104–107
Baden-Baden, Stadt 7–9, 12, 17 f., 22, 35 f., 38, 61, 74, 83, 85–87, 93, 100 f.
Baden-Durlach, Haus 13, 55, 57, 88 f., 104, 110, 114
Baden-Durlach, Markgrafschaft 18, 43, 67, 90, 94
Bader, Josef 94
Basel 91
Bayern 24, 51

Bayweck, Petrus Cornelius von, Weihbischof 66
Beinheim, Amt 81
Belgien siehe Niederlande, spanische/österreichische
Belgrad 24, 27–30
Besançon 17, 19
Bianco, Piero, Backsteinbrenner 67
Bickesheim 113
Blaeuw, Wilhelm, Kartograph 57
Bluhm, Julius Freiherr von, kaiserlicher Appellationsrat 33, 109
Boelcke, Willi A. 90
Böhmen 34, 36, 72, 81, 90, 104f., 107f., 110, 114
Bologna 68
Bourbon-Condé, Marie von, Gräfin von Soissons 9, 30
Braun, Anna Maria 39
Breisach 14, 16
Brod 27f.
Bruchsal 113
Brüssel 84
Bühl 27, 81
Bühlertal 91f.
Burgund 13f., 17
Caccioli, Giuseppe Antonio, Maler 70
Caprara, Enea Silvio Graf, Feldmarschall 32
Castiglione 72
Chalons-sur-Marne 112
Chartres, Louis Philipp, Herzog von 112
China 107
Christian August, Pfalzgraf von Pfalz-Sulzbach 34
Colomba, Luca Antonio 70f.
Conti, François Louis, Prinz von 58–60
Cosimo III., Großherzog von Toskana 17
Dervent 27
di Sale, Lorenzo, Pallier 66
Donau 30
Donauwörth 51
Durlach 65f.
Düsseldorf 19
Eberstein, Grafschaft 61, 81, 84, 90

Eger 19
Eisenburg (Vasvár) 23
Eleonore Magdalena, geb. von Pfalz-Neuburg, römisch-deutsche Kaiserin 31, 98
Elsass 14, 18, 50, 90, 98
England 12, 17, 19
Eperjes 26
Ernst August, Herzog und Kurfürst von Hannover 58
Esseg 30
Ettlingen 40, 62, 71, 81, 83, 92f., 106f., 111, 113
Farina, Pietro Antonio 70
Favorite, Schloss 105, 107, 110, 112
Fázil Mustafa Köprülü, Großwesir 29f.
Ferdinand Carl, Erzherzog von Österreich 12
Ferdinand Maria, Kurfürst von Bayern 12
Fioretti, Carlo, Bildhauer 72
Fischer, Johann Caspar Ferdinand, Hofkapellmeister 108
Flandern 98
Flender, Pater 108
Florenz 17
Forbach 87
Förch (Stadt Rastatt) 67, 105
Forstner, Baron von, Geheimer Rat 105f.
Franken, Reichskreis 32, 43–45, 50, 82, 88, 97
Frankfurt am Main 18
Frankreich 7, 12, 16–19, 22, 32, 41, 43–45, 48, 50, 58f., 63, 82, 86f., 90, 93, 96
Frauenalb, Kloster 81
Freiburg im Breisgau 16
Friedlingen 51
Friedrich August I., Kurfüst von Sachsen, als August II. König von Polen 32, 60
Friedrich III., Kurfürst von Brandenburg, als Friedrich I. König in Preußen 58, 60
Friedrich Magnus, Markgraf von Baden(-Durlach) 65, 89
Friedrich VI., Markgraf von Baden(-Durlach) 14, 19, 89
Fünfkirchen (Pécs) 27

Fürstenberg, Franz Egon von, Bischof von Straßburg 19
Fürstenberg, Wilhelm Egon von, Kardinal, Bischof von Straßburg 19
Gaggenau 92
Gemmingen, Freiherr von, baden-durlachischer Hofmarschall 105
Genf 17
Gengenbach, Stadt/Kloster 67, 90
Georg II. Rákóczy, Fürst von Siebenbürgen 22 f.
Georg Wilhelm, Herzog von Lüneburg-Celle 56, 58, 90
Gernsbach 87, 90
Göckel, Christian Ludwig, Leibarzt 101
Golo, I., Kupferstecher 31
Gräfenstein, Herrschaft 81
Gran (Esztergom) 26
Greiffen, Johann Christoph Freiherr von, Geheimer Rat 84
Greiner, Christian 57, 88, 94
Grimm, Ulrike 68
Großwardein (Oradea) 23, 27
Günzburg 38, 86
Habsburg, Haus/Reich 9, 16 f., 22 f., 26, 29, 55, 88, 90, 96, 98, 112
Hadeln, Land 90
Hannover, Haus 31
Heidelberg 48
Heilbronn 49 f.
Heilmann, Thomas, Bildhauer 100
Hermannstadt (Sibiu) 27
Höchstädt 51
Holland siehe Niederlande
Hügelsheim 96
Italien 12, 44, 64 – 68, 70 f., 73 f., 98, 107
Johann Sobieski, König von Polen 24, 26, 58
Johann Wilhelm, Kurfürst von der Pfalz 104, 106
Joseph I., Kaiser 40, 88, 96 – 99, 106 f.
Julius Franz, Herzog von Sachsen-Lauenburg 56, 90, 103
Kaposvár 27
Kara Mustafa, Großwesir 23 – 25

Karl II., König von Spanien 31
Karl IV., Herzog von Lothringen 18
Karl V. Leopold, Herzog von Lothringen, Generalleutnant 24 – 29
Karl VI., römisch-deutscher Kaiser 107, 110, 112
Karl Emanuel II., Herzog von Savoyen 10
Karl Wilhelm, Markgraf von Baden(-Durlach) 89, 110
Karlsruhe 38, 110
Kaschau (Kosice) 26
Kehl 89, 112
Kilian, Philipp, Kupferstecher 10, 13, 18, 91
Klemens X., Papst 17
Klüber, Johann Ludwig 80
Koblenz 19
Köln 19
Konstantinopel 24
Kraemer, Hermann 65
Krakau 60
Krebs von Bach, Johannes, badischer Kanzler 10
Kreta 23
Krummau 110
Kuppenheim 61
Landau 50, 96
Lassolaye, Moritz de 10
Leopold I., römisch-deutscher Kaiser 13, 16, 18 – 20, 22 – 24, 26 – 29, 31 – 35, 37, 44, 46, 55 – 60, 82, 88 – 90, 95 – 97, 103
Leopold Josef, Herzog von Lothringen 104, 110
Lichtenau 61
Lichtental, Kloster 81
London 89
Lubomirski, Hieronymus, Krongroßschatzmeister 58
Ludwig XIV., König von Frankreich 7, 9 f., 14, 16 f., 19, 28, 63, 76, 79, 86, 88, 111
Ludwig XV., König von Frankreich 112
Ludwigsburg 71
Mahlberg, Herrschaft 81
Mailand 17

Mainz 19
Manni, Paolo, Maler 36, 68
Maria Einsiedeln 108, 113
Maria Leszczynska, Königin von Frankreich 110
Marlborough, John Churchill Herzog von 51, 96–99
Maximilian II. Emanuel, Kurfürst von Bayern 28, 96
Mayr, Josef, Pater 112
Mazedonien 29
Mazza, Giovanni, Pallier 65 f.
Medardus, Pater, Erzieher 109
Medici, Cosimo Marci, Hofmeister 13, 17
Mehmed IV., Sultan des Osmanischen Reiches 23 f.
Merian, Matthäus d. J., Maler 15, 88
Mittelberg (Stadt Gaggenau) 92
Mohács 27, 95
Mohammed Köprülü, Großwesir 22–23
Montecuccolli, Raimund Graf, Generalleutnant 18 f., 23
Moosbronn (Stadt Gaggenau) 92
Murgtal 81, 87
Nancy 19
Neuenburg 22
Neufchâtel, Nicolas 38
Neuhäusel an der Neutra (Nové Zámky) 23, 26, 84
Niederlande 12, 17–19, 44, 109
Niederlande, spanische/österreichische 14, 109
Nimwegen 22
Nissa (Niš) 29
Nürnberg 38
Oberrhein 7, 17, 41, 44–48, 50, 55, 81, 90, 93, 96, 98
Odenwald 50
Ofen (Buda) 26 f.
Offenburg 90
Orléans, Louis, Herzog von 109, 111 f.
Orléans, Philipp, Herzog von, Regent Frankreichs 111
Ortenau, Landvogtei 90

Osmanisches Reich 7, 21–24, 26–30, 32, 46, 55, 58, 77 f.
Österreich siehe Habsburg
Palladio, Andrea, Baumeister 65, 78
Paris 8, 10, 17, 35, 112
Parkany 26
Passau 24
Peterwardein (Petrovaradin) 30
Pfalz, Kurfürstentum 28, 43
Pfleger, Franz, Maler und Kammerdiener 71, 107
Pflugh, Caesar Freiherr von 66
Philipp Wilhelm von Pfalz-Neuburg, Herzog, Kurfürst der Pfalz 18–20
Philipp, Pfalzgraf von Pfalz-Sulzbach 35
Philippsburg 14, 19, 22
Piccolomini, Johann Norbert Graf, Feldmarschall-Leutnant 29
Piles, Roger de, Maler 76
Plittersdorf, Freiherr Carl Ferdinand von, Hofkammerpräsident 19, 84, 106, 108
Plittersdorf, Freiherr Carl Jacob von, kaiserlicher Resident 17, 84
Podolien 23
Polen 7, 24, 58–60
Prag 34
Preßburg (Bratislava) 24
Raab (Györ) 37
Rastatt 7, 36, 40, 61–80, 92 f., 97, 105–108, 110, 112–114
Raudnitz (Roudnice nad Labem) 35
Rigaud, Hyacinthe, Maler 76
Rijswijk 84
Rohrer, Johann Michael, Baumeister 62, 107
Roli, Giosolfo, Maler 70
Rom 14, 17, 109, 113
Rossi, Domenico Egidio, Baumeister 38, 62, 64–68, 72–74, 107
Rottenburg am Neckar 87
Rubens, Peter Paul, Maler 113
Ruprecht, römisch-deutscher Kaiser 61
Ruschka, Antonio, Backsteinbrenner 67
Sachsen-Lauenburg, Herzogtum 56, 90

Saint-Simon, Louis de Rouvroy, Herzog von 101
Sanguinetti, Lazarus Maria, Maler 70 f.
Sankt Blasien 92
Sankt Gotthard an der Raab (Szentgotthárd) 13, 23
Save 27, 30
Savoyen-Carignan, Eugen Prinz von, Generalleutnant 13, 21–28, 31 f., 38, 51, 97–99, 106
Scheibenhardt, Lustschloss 62
Schenck, P., Kupferstecher 28
Scheuern (Stadt Gernsbach) 90
Schillinger, Franz Caspar, Bürgermeister 40
Schlackenwerth (Ostrov) 34–38, 61, 64, 68, 71 f., 86 f., 90, 103, 106 f.
Schneider, Prokop, Pater 113
Schönborn, Damian Hugo von, Kardinal, Bischof von Speyer 109, 111, 113
Schütz, Johannes, Bildhauer 100
Schwaben, Reichskreis 31 f., 43–46, 50, 82, 88, 97
Schwarzach, Kloster 81
Schwarzmeier, Hansmartin 94
Schwarzwald 50, 91
Schweden 22
Semlin 30
Serbien 7, 26, 29, 32
Siebenbürgen 7, 22 f., 26 f., 29
Siena 109
Slankamen 7, 30–32
Sötern, Grafen von 89
Spanien 12, 18
Speyer, Bistum 90
Speyer, Stadt 18
Sponheim, Vordere und Hintere Grafschaft 81, 86, 112
Stanislaw Leszczynski, König von Polen 110
Starhemberg, Ernst Rüdiger Graf 24
Staufenberg (Stadt Gernsbach) 90
Staufenberg, Herrschaft 81, 92
Stenzel, Rüdiger 61
Sternberg, Adolf Wratislaw Graf 34
Stock, Gerardus, Pater 108
Stollhofen 45, 61, 81, 96
Stopfel, Wolfgang 73
Straßburg, Bistum 90
Straßburg, Stadt 90, 98, 112
Stuhlweißenburg (Székesfehérvár) 27
Szegedin 27
Szent Job 26
Thurn und Taxis, Alexander Ferdinand, Prinz von 111
Tokaij 26
Tököly, Graf Emmerich 24, 26, 29
Triberg 113
Trier 97
Turenne, Henri de Latour d'Auvergne, Vicomte de, Marschall 19
Turin 11–13
Türkei siehe Osmanisches Reich
Ungarn 7, 23 f., 26, 32, 48, 55, 86 f., 98
Venedig 17
Versailles 7, 76
Villars, Louis Hector Marquis de, Marschall 55, 88, 95, 98, 106
Vimbuch (Stadt Bühl) 42
Vincentius, Hofprediger 108
Vloßdorf, Johann Reinhard, Präzeptor 13, 17
Waghäusel 113
Walachei 7
Waldersdorf, Freiherr von, Reichsvizekanzler 89
Weißenburg 110
Widdin (Vidin) 29
Wien 17, 19 f., 22–25, 27, 31, 36–38, 60, 62, 64, 84, 86, 95, 98, 106 f., 110
Wilhelm III. von Oranien, König von England 89
Wilhelm, Kurfürst von Brandenburg 18
Windeck, Herrschaft 81, 89
Wolkenstein, Grafen von 90
Württemberg 43, 57, 82
Zanotti, G. P. 70
Zell am Harmersbach 90
Zenta 27